Biblioteca de
FILOSOFÍA DEL DERECHO

Carlos Alarcón Cabrera
(Director)

Carlos Antonio Agurto Gonzáles
Sonia Lidia Quequejana Mamani
Benigno Choque Cuenca
(Coordinadores Generales)

CARLOS ALARCÓN CABRERA (Editor)
Catedrático de Filosofía del Derecho
Universidad Pablo Olavide de Sevilla

Estudios de Deóntica

Edición al cuidado de
Carlos Antonio Agurto Gonzáles
Sonia Lidia Quequejana Mamani
Benigno Choque Cuenca

Ediciones Olejnik

Título: Estudios de Deóntica

© Carlos Alarcón Cabrera (Editor)

Edición: 2018

Ediciones Olejnik
Huérfanos 611, Santiago-Chile
E-mail: contacto@edicionesolejnik.com
Web site: http://www.edicionesolejnik.com

ISBN: 978-956-392-176-2

Diseño de carátula: Ena Zuñiga

Diagramación: Hayden Méndez, yiset_mendez@hotmail.com

Impreso en Argentina 2018 Printed in Argentina

ÍNDICE

INTRODUCCIÓN

CARLOS ALARCÓN CABRERA

1. 'DEONTICA'

En *Deontic Logic,* 1951, Georg Henrik von Wright resaltó la analogía entre lo *aléticamente* necesario y lo *deónticamente* obligatorio, y habló por primera vez de la 'lógica deóntica' (*"deontic logic"*), de la lógica de los conceptos modales deónticos, de la *parte de la lógica,* distinta de la lógica alética, que estudia conceptos como el de obligación, el de permisión, el de prohibición[1].

Mientras que la lógica deóntica analiza los problemas puramente técnicos propios del cálculo deóntico, la *deóntica,* como específica disciplina filosófica, se enfrenta a los sistemas formales de cálculo deóntico desde la perspectiva de sus fundamentos teórico-filosóficos. El sustantivo 'deóntica' (*'deóntica', 'deontics'*), con este significado, constituye una destacada aportación de Amedeo G. Conte a la filosofía del lenguaje normativo.

Retomando a Aristóteles, Conte define la 'deóntica' como "teoría del *'Sollen'* en tanto que *'Sollen'"*, como "teoría del 'deber ser' en tanto que 'deber ser'". Así como la metafísica, como "teoría del 'ser' en tanto que 'ser'", estudia las propiedades inherentes al ser en cuanto tal, estudia el ser en su *"costitutiva onticità"*, la deóntica estudia el deber ser en su *"costitutiva deonticità"*[2].

En la presente *Introducción* me centraré en cinco de las principales contribuciones de Amedeo G. Conte a la deóntica:

En el epígrafe 2., en la distinción entre "constitutividad categórica" y "constitutividad hipotética".

En el epígrafe 3., en la tipología del concepto de validez.

En el epígrafe 4., en la noción de "ambivalencia pragmática" de las enunciaciones deónticas.

En el epígrafe 5., en la reformulación de la "is-ought question".

En el epígrafe 6., en la concepción de la derogación como acto de rechazo.

2. CONSTITUTIVIDAD CATEGORICA VS CONSTITUTIVIDAD HIPOTETICA

2.1. REGLAS CONSTITUTIVAS VS. REGLAS HIPOTÉTICO-CONSTITUTIVAS

En la deóntica contiana, ocupa un papel central la filosofía de las reglas constitutivas. Estas han sido definidas por Conte como el "'prius' de aquello

1 Georg H. von Wright, *Deontic Logic,* 1951, pp. 1 ss.

2 Amedeo G. Conte, *Deontica aristotélica,* 1992, p. 182.

sobre lo que versan en el triple sentido de que de ello son condición (eidética) de concebibilidad, condición (alética) de posibilidad y condición (noética) de perceptibilidad"[3].

Las reglas constitutivas no versan sobre actos, situaciones o entidades cronológicamente preexistentes ni ontológicamente independientes, sino que en sí mismas constituyen la actividad sobre la que versan y, en ella, su praxis. Esta actividad consiste en hechos "institucionales" ("institutional facts"), y no en hechos "brutos" ("hrute facts"), en el sentido de que su existencia presupone la existencia de instituciones, de sistemas de reglas constitutivas. Conforme a las reglas constitutivas del ajedrez, el peón en octava fila cuenta institucionalmente como dama; conforme a las reglas constitutivas de la promesa, pronunciar determinadas palabras en un determinado contexto cuenta institucionalmente como asumir una obligación; conforme a las reglas constitutivas de la sucesión testamentaria, ante determinadas condiciones un pedazo de papel cuenta como testamento.

La distinción entre los conceptos de "constitutividad categórica" y "constitutividad hipotética" es paralela a la distinción entre los conceptos de "regla constitutiva" y "regla hipotético-constitutiva", distinción que Conte expresa en términos ontológicos y en términos semióticos[4]:

a) En términos ontológicos, las reglas constitutivas *son* condición de las actividades sobre las que versan ("X cuenta como Y", "X tiene el valor de Y"); las reglas hipotético-constitutivas *ponen* condiciones para que un acto o circunstancia posea un determinado valor ("X debe ser N para contar como Y", "X debe ser N para tener el valor de Y") (En tercer lugar, las reglas técnicas no *son* condición, ni *ponen* condiciones, sino que *presuponen* condiciones: prescriben comportamientos *bajo la condición subjetiva* de perseguir un fin y *en tanto que condición objetiva* de consecución del fin que se persigue).

b) En términos semióticos, las reglas constitutivas *determinan* la *connotación* de los términos que designan la praxis constituida por ellas. Las reglas hipotético-constitutivas no *determinan,* sino que *presuponen* la *connotación* de los términos que designan la praxis constituida por ellas; es decir, establecen su *denotación* al poner condiciones de validez de las entidades designadas por estos términos.

---

3 Cf. Amedeo G. Conte, *Regola costitutiva in Wittgenstein,* 1981, pp. 59 ss.; *Paradigmi d'analisi della regola in Wittgenstein,* 1983, pp. 37 ss.; *Regola costitutiva, condizione, antinomia,* 1983, pp. 21 ss.; *Phénoménologie du langage déontique,* 1985, pp. 175 ss.; *Materiali per una tipologia delle regole,* 1985, pp. 345 ss.; *Regole eidetico-costitutive,* 1985, pp. 26 ss.; *Fenomeni di fenomeni,* 1986, pp. 29 ss.; *Semiotics of Constitutive Rules,* 1988, pp. 143 ss.; *Eîdos. An Essay on Constitutive Rules,* 1988, pp. 251 ss.; *Costitutività di regole,* 1989, col. 462 ss.; *L'enjeu des regles,* 1991, pp. 122 ss.; *Deontica wittgensteiana,* 1993, pp. 115 ss..

4 Amedeo G. Conte, *Regola costitutiva in Wittgenstein,* 1981, pp. 59-66; *Regola costitutiva, condizione, antinomia,* 1983, pp. 23 ss.; *Pliénoménologie du langage déontique,* 1985, pp. 187-190; *Materiali per una tipologia delle regole,* 1985, pp. 361-364; *Eîdos. An Essay on Constitutive Rules,* 1988, pp. 252-256.

2.2. LA TIPOLOGÍA DE LAS REGLAS CONSTITUTIVAS SEGÚN LA ESPECIE DE CONDICIÓN

Ni la categoría de las reglas constitutivas ni la categoría de las reglas hipotético-constitutivas es homogénea desde el punto de vista condicional. En un llamativo ensayo, Giampaolo M. Azzoni hizo explícita la clasificación de las reglas constitutivas y de las reglas hipotético-constitutivas en atención al tipo de condición[5]:

a) Reglas (constitutivas) que *son condición necesaria* de lo que regulan (*reglas eidético-constitutivas*).

b) Reglas (constitutivas) que *son condición suficiente* de lo que regulan (*reglas thético-constitutivas*).

c) Reglas (constitutivas) que *son condición necesaria y suficiente* de lo que regulan (*reglas noético-constitutivas*).

d) Reglas (hipotético-constitutivas) que *ponen condiciones necesarias* de lo que regulan (*reglas anankástico-constitutivas*).

e) Reglas (hipotético-constitutivas) que *ponen condiciones suficientes* de lo que regulan (*reglas metatético-constitutivas*).

f) Reglas (hipotético-constitutivas) que *ponen condiciones necesarias y suficientes* de lo que regulan (*reglas nómico-constitutivas*).

No son constitutivas, sino técnicas, las reglas que *presuponen condiciones necesarias* (*reglas anankásticas*), las reglas que *presuponen condiciones suficientes* (*reglas metatéticas*), las reglas que *presuponen condiciones necesarias y suficientes* (*reglas nómicas*)[6].

2.3. "DEON" DEÓNTICO VS. "DEON" ANANKÁSTICO

De las seis especies de reglas constitutivas, destaca la de las reglas anankástico-constitutivas porque ejemplifica el "Deon" anankástico, contrapuesto al "Deon" deóntico ("Deon", participio neutro del verbo impersonal griego "Deî", es, sustantivado, el término que Aristóteles empleó para referirse a la necesidad normativa).

Esta contraposición es básica en deóntica porque profundiza, a juicio de

5 Giampaolo M. Azzoni, *Condizioni costitutive,* 1986, pp. 160 ss.; *Il concetto di condizione nella tipologia delle regole,* 1988. Cf. Piero Pollastro, *Fenomenologia delle regole costitutive,* 1983; Tecla Mazzarese, *Metaregole,* 1985, pp. 65 ss.; Mario Jori, *In margine all'ultimo Conte,* 1986, pp. 443 ss.; Riccardo Guastini, *Norme che sono condizioni sufficienti del loro oggetto?,* 1986, pp. 213 ss.; Carlos Alarcón Cabrera, *Sobre el concepto y tipología de las reglas constitutivas,* 1991, pp. 273 ss.; Carlos Alarcón Cabrera, *Normas y paradojas,* 1993, pp. 87 ss..

6 La distinción entre una regla constitutiva y una regla técnica no implica la imposibilidad de que ambas posean la misma estructura sintáctica. La regla (constitutiva) de derecho sucesorio "Para que el testamento sea válido debe estar firmado por el testador" podría coincidir sintácticamente con la regla (técnica) formulada por un abogado "Para que el testamento sea válido debe estar firmado por el testador". En el marco del "juego del ordenamiento jurídico", la regla técnica del abogado, del "comentarista" del derecho, prescribe cómo actuar para realizar el juego, *regula* el "lusus", la "actividad lúdica" ("play"). Por el contrario, la norma jurídica *constituye* el "ludus", el "sistema lúdico" ("game") (Amedeo G. Conte, *Fenomeni di fenomeni,* 1986, p. 45).

Conte, en una cuestión crucial en relación con el fundamento de la lógica deóntica: la diferenciación entre la necesidad "no-normativa" (y los conceptos modales no-normativos de posibilidad, imposibilidad y contingencia) y la necesidad *"normativa"* (y los conceptos modales normativos de permisión, prohibición e indiferencia): El "Deon" anankástico es un ejemplo de necesidad normativa *no* deóntica, de "Deon" *adeóntico*[7].

La relevancia de la distinción entre "Deon" deóntico y "Deon" (adeóntico) anankástico se pone de manifiesto por el hecho de que, como recalca Conte, la *indiferencia* deóntica no posee correspondencia anankástica, ya que la indiferencia anankástica es autocontradictoria. Es más, del mismo modo que la mera existencia de una teoría formal relativa a entidades *anapofánticas* demuestra que la lógica va más allá del lenguaje apofántico, la mera posibilidad de una teoría formal relativa a reglas *adeónticas* (por ejemplo, reglas anankástico-constitutivas) demuestra que la deóntica va más allá del lenguaje deóntico[8].

3. VALIDEZ EN DEONTICA

3.1. *CUATRO ACEPCIONES DE 'NORMA'*

La deóntica de la validez contiana se basa en el triángulo deóntico que representa gráficamente la red de relaciones entre la validez deóntica sintáctica, la validez deóntica semántica y la validez deóntica pragmática. En cierta forma, Conte responde a través de este triángulo a las preguntas que él mismo formuló en *Studio per una teoría della validità,* 1970: "¿De qué cosa se predica la validez que es precisamente el objeto de la teoría de la validez? [...] ¿Qué concepto de 'norma' es metafísicamente más neutral y metodológicamente más fecundo para analizar el problema de la validez de las normas? ¿Cuál es el objeto y cuál es el sujeto de los juicios de validez?". En *Studio per una teoría della validità,* Conte se limitó a elaborar una tetracotomía de los conceptos de 'norma' paralela a la distinción, propia de la teoría de los actos lingüísticos, entre cuatro sentidos del término "proposición": entendido como enunciado lingüístico (*"enunciato linguistico"*, *"sentence"*, *"Satz"*), entendido como enunciación de un enunciado lingüístico (*"enunciazione"*, *"utterance"*, *"Äusserung"*), entendido como proposición en sentido estricto (*"ciò che un enunciato esprime,* [...] *proposizione 'strictu sensu'"*, *"proposition"*) y entendido como estado de cosas sobre el que el enunciado versa. La tetracotomía de los conceptos de 'norma' era la siguiente[9]:

---

7 Amedeo G. Conte, *Deon in Deontics,* 1991, P. 349.

8 Amedeo G. Conte, *Deon in Deontics,* 1991, pp. 352-353; *Deontica aristotelica,* 1992, pp. 197 ss.. Cf. Giampaolo M. Azzoni, *Cognitivo e Normativo: il Paradosso delle Regole Tecniche,* 1991, pp. 19 ss.; Luigi A. de Caro, *Premessa alla traduzione italiana della "logica del dovere" di G. Ledig,* 1993, p. 444 y nota 8; Giuseppe Lorini, *Deontica tra logica e filosofía,* 1993, pp. 602 ss.; Stefano Radice, *Regole costitutive e sillogismo normativo,* 1992, pp. 422- 427; Maria-Elisabeth Conte, *Epistemico, deóntico, anankastico,* 1995.

9 Amedeo G. Conte, *Studio per una teoria della validità,* 1970, pp. 334- 342. Cf. Amedeo G. Conte, *Décision, complétude, clôture,* 1966; *Deóntico* vs *dianoetico,* 1986; *Minima deontica,* 1988; Amedeo G. Conte / Carlos Alarcón Cabrera, *Deontica de la validez,* 1995. Sobre la utilidad de la tetracotomía de "norma" para clasificar las doctrinas filosófico-jurídicas

i) 'norma' como enunciado deóntico ("el comportamiento C es obligatorio", "el comportamiento C está prohibido", "el comportamiento C está permitido").

ii) 'norma' como acto de enunciación ("*utterance*") deóntica de un enunciado ("*sentence*") deóntico.

iii) 'norma' como proposición deóntica expresada por un enunciado deóntico.

iv) 'norma' como status deóntico, como estado de cosas extralingüístico sobre el que versa el enunciado deóntico (una obligación, una prohibición, un permiso).

3.2. VALIDEZ SINTÁCTICA, VALIDEZ SEMÁNTICA, VALIDEZ PRAGMÁTICA

La validez sintáctica, predicable de los status deónticos, es la validez "relativa a reglas constitutivas sobre la validez, a las reglas constitutivas de un ordenamiento que (condicionando la validez de status deónticos en el ordenamiento y por el ordenamiento) determinan la *sintaxis de validez* de dicho ordenamiento"[10]. Por consiguiente, la validez sintáctica es relativa: *i*) a un ordenamiento (ya que es validez *en* y *por* un ordenamiento); *ii*) dentro del ordenamiento, a la norma fundamental[11].

La validez sintáctica es "thética" o "athética" según sea el status deóntico del cual se predica "puesto" o "no puesto" por reglas; es decir, según sea o no sea producido, respectivamente, por un acto deóntico válido, por un acto que sea "posición" (que sea "thésis") del status deóntico. Para Azzoni, la validez sintáctica thética, a diferencia de la validez sintáctica athética, es relativa, en un ordenamiento, no sólo a la norma fundamental, sino también a las reglas hipotético-constitutivas sobre la validez de los "actos de normación" ("*atti di normazione*")[12].

En segundo lugar, la validez semántica, predicable de los enunciados deónticos, depende de la correspondencia de un enunciado deóntico con un status deóntico. El enunciado deóntico "Está prohibido fumar en la universidad" es semánticamente válido si es verdad que está prohibido fumar en la universidad; es decir, si es sintácticamente válido el status deóntico "Está

contemporáneas: Rafael Hernández Marín, *Historia de la filosofía del derecho contemporánea,* 1986 (en especial, pp. 37-40).

10 Amedeo G. Conte, *Minima deontica,* 1988, p. 436.

11 Amedeo G. Conte, *Minima deontica,* 1988, nota 15. Cf. Amedeo G. Conte, *Ordinamento giuridico,* 1966, pp. 45 ss.; *Validità,* 1975, pp. 418 ss..

12 Amedeo G. Conte, *Minima deontica,* 1988, pp. 456-457; *Validità athetica,* 1990, p. 163; Giampaolo M. Azzoni, *Cognitivo e Normativo: il Paradosso delle Regole Tecniche,* 1991. nota 61. Cf. Georg H. von Wright, *Norm and Action,* 1963, pp. 191 ss.; Paolo Di Lucia, *Deontica in von Wright,* 1992, pp. 30 ss.; Carlos Alarcón Cabrera, *Validità sintattica* vs. *invalidità sintattica in Theodor Geiger,* 1994.

prohibido fumar en la universidad"[13].

Los conceptos de "validez semántica thética" y "validez semántica athética" reproducen la polémica teórica entre iuspositivismo e iusnaturalismo: La validez semántica thética de un enunciado deóntico depende de su correspondencia con un status deóntico (théticamente) constituido en un ordenamiento y por un ordenamiento; la validez semántica athética de un enunciado deóntico depende de su correspondencia con un status deóntico acorde con la "realidad deóntica", al margen de su "posición" (thética) en y por un ordenamiento.

En tercer lugar, la validez pragmática, predicable de los actos deónticos (por ejemplo, del acto de la promulgación, del acto de la derogación), o bien depende de las condiciones de validez (théticamente) puestas en un ordenamiento por reglas hipotético-constitutivas (validez pragmática "thética" o "praxeonómica"), o bien depende de las condiciones (athéticas, no puestas por reglas) inherentes al concepto de los actos deónticos, a su intrínseca constitución (validez pragmática "athética" o "praxeológica")[14].

Los conceptos de "validez sintáctica athética", "validez semántica athética", "validez pragmática athética" son manifiestamente paradójicos.

4. La ambivalencia pragmatica de los enunciados deónticos

Un enunciado deóntico es pragmáticamente ambivalente porque es susceptible de enunciaciones heterogéneas: se enuncia deónticamente si es un enunciado deóntico prescriptivo (si es un enunciado deóntico *"in suppositione deontica"*), o se enuncia adeónticamente si es un enunciado deóntico descriptivo (si es un enunciado deóntico *"in suppositione adeontica"*)[15]. Ejemplos clásicos de enunciados deónticos *"in suppositione adeontica"* son, para Conte, los *"Sollsätze"* kelsenianos, los enunciados apofánticos sobre el *"Sollen"*[16].

La tesis contiana de la ambivalencia pragmática de los enunciados deónticos (enunciación deóntica de un enunciado deóntico vs. enunciación adeontica de un enunciado deóntico) no implica la tesis de la ambigüedad semántica (según se enuncie por un legislador o por un sociólogo) de enunciados adeónticos de la forma "La acción A se castiga con la sanción S". Tanto el legislador como el sociólogo pueden enunciar, por ejemplo, el enunciado "El homicidio se castiga con veinte años de prisión" sin que en ninguno de los dos supuestos el enunciado sea semánticamente ambiguo. En el primer caso, el legislador *constituye* una *regla,* asume como *thésis* la *relación* entre el *homicidio* y la *pena* de veinte años de prisión *prescribiendo* dicha sanción para dicho acto. En el

13 Amedeo G. Conte, *Minima deontica,* 1988, pp. 446-448. Cf. Giampaolo M. Azzoni, *Validità semantica in deontica,* 1992, pp. 166 ss.; Andrea Rossetti, *Performativi in Jean-Louis Gardies: verità, verificabilità, vero-funzionalità,* 1994; Carlos Alarcón Cabrera, *Validità semantica e sillogismo normativo,* 1995.

14 Amedeo G. Conte, *Minima deontica,* 1988, pp. 431 ss.. Cf. Carlos Alarcón Cabrera, *Validez pragmática. Una discusión con A. G. Conte,* 1993, pp. 341 ss..

15 Amedeo G. Conte, *Deon in Deontics,* 1991, p. 351.

16 Amedeo G. Conte, *Minima deontica,* 1988, p. 451.

segundo caso, el sociólogo *constata* una *regularidad,* analiza la *relación* entre la *norma* que castiga con veinte años el homicidio y la *realidad social describiendo* una situación[17].

Distinta de la tesis de la ambivalencia pragmática de los enunciados deónticos (enunciación deontica de un enunciado deóntico vs. enunciación adeontica de un enunciado deóntico) es la tesis de la *adeonticidad* de los enunciados descriptivos de la forma "La norma 'El homicidio se castiga con veinte años de prisión' es (deónticamente) válida". Del carácter adeóntico de enunciados como el citado se sigue que, si la lógica deontica se concibe como lógica de enunciados deónticos, no puede construirse como una lógica de enunciados descriptivos (adeónticos) sobre la validez (deóntica)[18].

5. La reformulación de la "is-ought question"

Respecto a las relaciones entre lo *deóntico* y lo *adeóntico* existe un triple riesgo de falacia naturalista. En palabras de Conte, es posible una falacia naturalista "noética" relativa a conceptos, una falacia naturalista "dianoética" relativa a enunciados, y una falacia naturalista axiológica relativa a la verdad de enunciados[19]:

> (*i*) Constituye una falacia naturalista "noética" definir un concepto deóntico mediante conceptos adeónticos[20].
>
> (*ii*) Constituye una falacia naturalista "dianoética" derivar un enunciado deóntico de enunciados adeónticos[21].

Distinto de derivar (dianoéticamente) un enunciado *deóntico* de un enunciado *adeóntico* es derivar (dianoéticamente) un enunciado *deóntico* de enunciados *también deónticos.* Afirmar que un enunciado deóntico puede ser un posible objeto de inferencia de otros enunciados deónticos no es lo mismo que: (*i*) afirmar que un enunciado deóntico puede ser un posible objeto de inferencia de enunciados adeónticos (falacia naturalista "dianoética"); (*ii*) afirmar que la *validez* de una norma puede ser un posible objeto de inferencia de la *validez* de otras normas: el hecho de que una norma puede ser *dianoética* o inferencialmente válida no implica que tal norma sea *deónticamente* válida en el ordenamiento en el que son *deónticamente* válidas las normas de las que pueda derivar, las normas respecto a las cuales pueda ser *dianoéticamente* válida. La validez deóntica de una norma no es relativa a las reglas (lógicas) de las que pueda depender su validez dianoética, sino a las reglas constitutivas que, *en* y *por* un ordenamiento, condicionan tal validez deóntica[22].

---

17 Amedeo G. Conte, *Deontica aristotelica,* 1992, pp. 228-234. Cf. Maria-Elisabeth Conte, *La pragmatica linguistica,* 1983, pp. 112-114.

18 Amedeo G. Conte, *Validità athetica,* 1990, p. 175; *Deon in Deontics,* 1991, p. 351.

19 Amedeo G. Conte, *Minima deontica,* 1988, p. 468.

20 Amedeo G. Conte, *Minima deontica,* 1988, p. 466.

21 Amedeo G. Conte, *Minima deontica,* 1988, pp. 466-467.

22 Amedeo G. Conte, *Deóntico* vs. *dianoetico,* 1986, pp. 490-491. Cf. Amedeo G. Conte / Tecla

(*iii*) Constituye una falacia naturalista axiológica derivar la *verdad deóntica* de un enunciado deóntico de su *verdad adeóntica*[23]. Refiriéndose a las contradicciones divisionistas sobre el rechazo de una "*ought-sentence*" incompatible con una ley transcultural supuestamente necesaria, Conte ya negó, en *Su Carcaterra*[24], la inexistencia absoluta de relaciones lógicas entre "*is-sentences*" y "*ought-sentences*", sin que ello significara rebatir los argumentos divisionistas, sino reformularlos en términos lingüísticos (no como división entre dos *mundos*, el mundo del "*is*" y el mundo del "*ought*", sino como división entre dos modos del lenguaje: la verdad (la *verdad deóntica*) de "*ought-sentences*" y la validez (la *verdad adeóntica*) de "*ought-sentences*").

6. La derogación como acto de rechazo

La concepción del fenómeno de la derogación desde una perspectiva no estrictamente normativista es explicada por Conte basándose en las tesis de Alchourrón y Bulygin, *Sobre la existencia de las normas jurídicas:* Enunciados de la forma "La norma *n* es derogada", al enunciarse *performativamente,* no son normas, son "expresiones verbales de actos de rechazo", son "*actos théticos* de invalidación de status deónticos"[25].

A diferencia de los verbos performativos "rhéticos", que significan la ejecución de un acto lingüístico que como tal no actúa sobre la verdad del enunciado (es decir, de un acto lingüístico "rhético", de un acto que es una "*rhesis*"; por ejemplo, comunicar, comentar, replicar,...), los verbos performativos théticos significan una posición de verdad, una "*thésis*", mediante un acto lingüístico, de la verdad de un enunciado[26]. "Derogar" es un verbo thético "factitivo": significa la posición de no verdad, *en* una convención y *por* una convención, de un enunciado presupuesto verdadero[27].

Mazzarese, *Regole fondate su regole,* 1985, pp. 283-288. En realidad, cuando se habla de "validez dianoética de una norma" no se utiliza 'norma' en el mismo sentido que cuando se habla de "validez deóntica de una norma". En el primer caso, se entiende 'norma' como enunciado deóntico; en el segundo caso, se entiende 'norma' como estado de cosas sobre el que versa un enunciado deóntico (Cf. epígrafe 3.1.).

23 Amedeo G. Conte, *Mínima deóntica,* 1988, p. 467. Cf. Amedeo G. Conte, *Ricerca d'un paradosso deóntico,* 1974, pp. 481 ss..

24 Amedeo G. Conte, *Su Carcaterra,* 1976, pp. 101-105. Cf. Gaetano Carcaterra, *La "Grande Divisione", sí e no,* 1976; *Una réplica,* 1976. Sobre la tesis de Carcaterra de la constitutividad de toda norma, cf. Gaetano Carcaterra, *Le norme costitutive,* 1974; Gaetano Carcaterra, *La forza costitutiva delle norme,* 1979; Angiola Filipponio Tatarella, *Sulla teoreticità delle norme costitutive,* 1980.

25 Amedeo G. Conte, *Tre domande sull'abrogazione,* 1987, pp. 40-41. Cf. Carlos E. Alchourrón / Eugenio Bulygin, *Sobre la existencia de las normas jurídicas;* Tecla Mazzarese, *Negazione ed abrogazione in deontica (a proposito d'un saggio di C. E. Alchourrón ed E. Bulygin),* 1981; Giampaolo M. Azzoni, *Abrogazione, regole costitutive, validità,* 1987; Carlos Alarcón Cabrera, *Constitutive Derogation,* 1995.

26 Amedeo G. Conte, *Aspetti della semantica del linguaggio deóntico,* 1977, pp. 154-162. Cf. Amedeo G. Conte, *Adeontic Negation,* 1990; *Deóntica de la negación en Jerzy Sztykgold,* 1995.

27 Amedeo G. Conte, *Aspetti della semantica del linguaggio deóntico,* 1977, p. 167. Cf. Riccardo

La validez deóntica que suprime un acto derogatorio es validez sintáctica. Como indica Conte, "*obiectum affectum*" de la derogación es la validez sintáctica de un estatus deóntico en un ordenamiento; "*obiectum effectum*" de la derogación es su invalidez sintáctica[28]. La validez deóntica que se predica de un acto derogatorio es validez pragmática "thética" o "praxeonómica", validez condicionada por las reglas hipotético-constitutivas que (théticamente) ponen las condiciones de validez de un acto derogatorio en un ordenamiento y por un ordenamiento[29].

En tanto que produce una transición de la validez sintáctica de un estatus deóntico a su invalidez sintáctica, todo acto derogatorio posee, siguiendo a Conte, una "*diacronicità costitutiva*". Así, el fenómeno diacrónico de la derogación exige, respecto a la teoría general del ordenamiento, la superación del modelo kelseniano tridimensional. Exige para los sistemas normativos dinámicos un modelo tetradimensional, un modelo espacio-temporal[30].

Guastini, *Contributo ad una teoria dell'abrogazione,* 1988, pp. 630-631.

28 Amedeo G. Conte, *Tre domande sull'abrogazione,* 1987, pp. 42-43; *Minima deontica,* 1988, pp. 437-441.

29 Amedeo G. Conte, *Tre domande sull'abrogazione,* 1987, pp. 41-42.

30 Amedeo G. Conte, *Minima deontica,* 1988, p. 441. Cf. Amedeo G. Conte, *Ordinamento giuridico,* 1966, p. 9.

PRAGMATICA DEL LENGUAJE DEÓNTICO

AMEDEO G. CONTE

"He paladeado múltiples palabras"
Jorge Luis Borges

1. PERFORMATIVIDAD THETICA VS. PERFORMATIVIDAD ATHETICA

1.1. 'DAVAR'

En hebreo, existe una palabra que significa tanto "palabra" como "cosa". Esta palabra es 'davar' (o 'dabar'). Que una palabra signifique dos conceptos opuestos, antitéticos (como "palabra" y "cosa"), parece paradójico. Sin embargo, existen casos en los cuales ocurre lo que dice Ramón Pérez de Ayala:

"La cosa y la palabra es uno mismo".

Existen casos en los cuales la enunciación (*enunciazione, Äusserung, énonciation, utterance*) de un enunciado (*enunciato, Satz, énoncé, sentence*) realiza lo que el enunciado significa. Este es el fenómeno del que surge la teoría de la performatividad[1].

1.2. DOS FORMAS DE PERFORMATIVIDAD

1.2.1. ¿Y qué cosa significa "realizar lo que el enunciado significa"? Para responder a esta pregunta, examinaremos dos casos en los cuales la enunciación de un enunciado realiza lo que el enunciado significa.

(i) La enunciación del enunciado 'Te lo agradezco' realiza el acto de agradecimiento que el enunciado 'Te lo agradezco' significa.

(ii) La enunciación del enunciado 'El interdicto tiene el domicilio del tutor', en el contexto de un código (Código civil italiano, art. 45), realiza el estado de

---

1 El adjetivo inglés *'performative'* es un neologismo derivado del verbo *'to perform'* ("realizar"). Se remonta al filósofo del lenguaje John Langshaw Austin (1911-1960), autor de *'How to Do Things with Words'* [Cómo hacer cosas con palabras], obra póstuma de 1962. El término inglés *'performative'* ha sido acogido por las principales lenguas: el alemán *'performativ'*, el francés *'performatif,* el polaco *'performatywny'*, el italiano *'performativo'*, el español *'performativo'*. Frecuentemente, el adjetivo ha sido sustantivado: los performativos se llaman en inglés "performatives", en alemán "Performative", en polaco "performatywy" (sin la "n" antes de la segunda "y": "performatywy" significa "los performativos"; "performatywny", con la "n", significa "performativo").

El concepto de "performatividad" es uno de los conceptos-clave de la disciplina llamada "pragmática".

cosas que el enunciado significa: lo realiza adscribiendo a todo interdicto el domicilio del tutor.

1.2.2. La heterogeneidad de los dos ejemplos que he puesto se manifiesta al instante. Una cosa es realizar un *acto*, un *Akt*, (entendiendo "realizar" en el sentido del verbo alemán "verwirklichen"), y otra cosa es realizar *un estado de cosas*, un "*Sachverhalf*"[2].

1.2.2.1. En referencia al paradigma aristotélico: *praxis* vs. *poíesis*, en un primer momento llamé a los actos performativos de la primera especie "actos de praxis"; a los actos performativos de la segunda especie, "actos de poíesis".

1.2.2.2. Más recientemente, he propuesto para las dos especies de performatividad, respectivamente, los términos 'performatividad athética' y 'performatividad thética':

> (i) Es thética (del griego *'thésis'*, "acto de posición") la performatividad de las enunciaciones que realizan un estado de cosas (por ejemplo: la enunciación del enunciado 'El interdicto tiene el domicilio del tutor').
>
> (ii) Es athética (es decir, no-thética)[3] la performatividad de las enunciaciones que no realizan un estado de cosas, sino un acto (por ejemplo: la enunciación del enunciado 'Te lo agradezco', que no realiza ningún estado de cosas sino que simplemente realiza el acto de agradecimiento que el enunciado'Te lo agradezco' significa)[4].

2. FENOMENOLOGIA DE LA PERFORMATIVIDAD EN LEON-HARDUS LESSIUS Y ERWIN KOSCHMIEDER

La filosofía de la performatividad es reciente: se remonta a John Langshaw Austin y a Emile Benveniste.

Pero la fenomenología de la performatividad (*performatività, Performativität, performativité, performativity*) es antigua. Las dos mejores contribuciones a la teoría *ante litteram* de la performatividad son obra del flamenco Leonhardus Lessius (en flamenco, Lenaert Leys) (1554-1623) y del alemán Erwin Koschmieder. A Lessius y a Koschmieder se dedican los epígrafes 2.1. y 2.2.

2.1. *FENOMENOLOGÍA DE LA PERFORMATIVIDAD EN LEONHARDUS LESSIUS*

Una icástica descripción del fenómeno que sería después estudiado, en pragmática (*pragmatica, Pragmatik, pragmatique, pragmatics*), con el nombre de

2 Para los dos sentidos de 'realizar' existen, en alemán, dos verbos distintos con la misma etimología (ambos proceden de la raíz del verbo *'wirken*, "obrar", del sustantivo *'Werk'*, "obra", del adjetivo *'wirklich'*, "real"). Estos dos verbos con la misma raíz son *'verwirklichen'* y *'erwirken'*.

3 El adjetivo 'athético' se forma prefijando al adjetivo 'thético' un *alpha privativum*, como en 'apático', 'anómico', 'abúlico'.

4 Sobre el paradigma aristotélico: *praxis* vs. *poíesis*, cfr. Amedeo G. Conte, *Aspekte der Semantik der deontischen Sprache*, 1977, p. 72.

'performatividad' (*performatività, Performativität, performativité, performativity*), aparece en Leonhardus Lessius (en flamenco, Lenaert Leys) (1554-1623), *De justitia et de iure*, 1609[5].

2.1.1. Los performativos que Lessius analiza son la promesa [*promissio*] y la donación [*donatio*]. Escribe Lessius:

> "Promissio et donatio sunt signa quaedam practica, efficientia id ipsum, quod significant.
>
> Qui enim dicit: "Promitto tibi", "Do tibi", non solum significat internam cogitationem et affectum dandi, sed etiam ipsum actum donationis et promissionis, qui in hisce verbis sub tali intentione prolatis [...] consistit."

Paráfrasis:

> "La promesa [*promissio*] y la donación [*donatio*] son signos prácticos [*signa practica*] que realizan aquello que significan [*efficientia id ipsum, quod significant*].

De hecho, decir "Te prometo", o "Te doy", no sólo significa una intención (la intención de prometer o de dar), sino también un acto y el efecto del acto.

(i) En primer lugar, promesa y donación significan un acto (el propio acto [*ipsum actum*] de la promesa, o, respectivamente, el propio acto de la donación), acto que consiste [*consistit*] precisamente en esas palabras [*in hisci verbis*] pronunciadas con tal intención.

(ii) En segundo lugar, promesa y donación significan el efecto [*effectus*] del acto. Efecto del acto son un deber y un derecho:

(ii.i) la obligación (deber) [*obligatio*], que nace en el autor de la promesa, y

(ii.ii) el derecho [*jus*], que nace en el destinatario de la promesa.

2.1.2. Para la teoría de la performatividad, esta larga cita de Lessius es relevante porque Lessius plantea dos cuestiones relativas a dos partes de la semiótica: la semántica (*semantica, Semantik, sémantique, semantics*) y la pragmática (*pragmatica, Pragmatik, pragmatique, pragmatics*): una cuestión de semántica, una cuestión de pragmática[6].

(i) Primera cuestión.

La *primera* es una cuestión de *semántica:* concierne a la semántica del enunciado 'Promitto tibi' y del enunciado 'Do tibi'. ¿Cuál es el significado de enunciados como 'Promitto tibi' y 'Do tibi'? ¿Qué es lo que dichos enunciados significan?

A la cuestión (de semántica) del significado de estos enunciados, Lessius

5 Leonhardus Lessius [Lenaert Leys] (1554-1623), *De justitia et de jure*, 1609, p. 219.

6 Semántica y pragmática son dos de las tres partes en las que el filósofo americano Charles William Morris dividió la semiótica (*semiotics*):

(i) La semántica (*semantics*) estudia las relaciones entre los signos y los significados;

(ii) la pragmática (*pragmatics*) estudia las relaciones entre los signos y quienes los usan, entre los signos y sus intérpretes;

(iii) la sintáctica (*syntactics*) estudia las relaciones entre signos.

responde: Un enunciado como 'Promitto tibi' o como 'Do tibi' es un enunciado (*enunciato, Satz, énoncé, sentence*) cuya enunciación (*enunciazione, Äusserung, énonciation, utterance*) significa [*significat*] un acto, un *actus* (y, concretamente, el acto de la promesa [*actus promissionis*], en el caso del enunciado 'Promitto tibi'; el acto de la donación [*actus donationis*], en el caso del enunciado 'Do tibi').

(ii) Segunda pregunta.

La *segunda* de las dos cuestiones es una cuestión de *pragmática:* no concierne al estatuto *semántico* (al significado) de *enunciados* (*enunciati, Sätze, énoncés, sentences*), sino al estatuto *pragmático* de *actos* (*atti, Akte, actes, acts*). ¿En qué consiste el acto (*atto, Akt, acte, act*) que los enunciados 'Promitto tibi' y 'Do tibi' significan [*significant*]?

A la cuestión de pragmática Lessius responde: el acto de la promesa [*actus promissionis*] consiste en la enunciación de un enunciado, en la enunciación de las palabras 'Promitto tibi' ("in hisce verbis [...] prolatis"). Análogamente, el acto de la donación [*actus donationis*] consiste en la enunciación de las palabras 'Do tibi' ("in hisce verbis [...] prolatis").

2.1.3. El enunciado significa el acto; el acto, a su vez, consiste en la enunciación del enunciado. Estas dos tesis de Lessius no son equivalentes. La segunda tesis (la tesis de pragmática: el acto consiste en la enunciación del enunciado) no es la transformación en pasiva de la primera. Las tesis que Lessius afirma (a propósito de los enunciados "Promitto tibi" y "Do tibi") no son las dos tesis (equivalentes; la segunda es la traducción en pasiva de la primera) (i) y (ii):

(i) Las palabras ("Promitto tibi", "Do tibi") significan el acto

(ii) El acto (el *actus promissionis,* el *actus donationis*) *es significado por las* palabras,

sino otras dos tesis, la segunda de las cuales no es la transformación en pasiva de la primera; en concreto, las dos tesis (i) y (iii);

Las palabras ('Promitto tibi', 'Do tibi') significan el acto

(iii) El acto (el *actus promissionis,* el *actus donationis*) *consiste en las* palabras[7].

2.2. *FENOMENOLOGÍA DE LA PERFORMATIVIDAD EN ERWIN KOSCHMIEDER*

2.2.1. La fenomenología de la performatividad (existen casos en los que las palabras significan el acto, y el acto consiste en la enunciación de las palabras que significan el acto) es retomada (sin referencia a Lessius, y en un contexto diferente) por el lingüista alemán E. Koschmieder.

---

7 La tesis (ii):

(ii) El acto (el *actus promissionis,* el *actus donationis*) *es significado por las* palabras no coincide con la tesis (iii):

(iii) El acto (el *actus promissionis,* el *actus donationis*) *consiste en las* palabras.

En efecto, *consistir en* no es: *ser significado por*

Existen casos en los que el hacer coincide con el decir, o mejor: con el decir lo que se hace. Por ejemplo, en la enunciación de un enunciado como:

'Ich segne dich hiermit'

'Yo te bendigo',

la acción (la *Handlung*) designada por el verbo consiste [*besteht*] en la enunciación [*Aussprechen*] del propio enunciado [*Satz*]:

"Die [...] Handlung besteht im Aussprechen des Satzes."

"La acción [...] consiste en la enunciación del enunciado."

La enunciación del enunciado 'Ich segne dich hiermit' (enunciado que, formalmente, es un enunciado declarativo, un *Deklarativsatz,* una *declarative sentence*) no es descripción de un acto, sino que es el propio acto en sí mismo; proferir este enunciado no es representación [*Darstellung*], sino realización del acto; el acto no es objeto de *Darstellung* (representación), sino de *Auslösung* (realización, producción, efectuación).

2.2.2. El plano del performativo (del *Koinzidenzfall*), del mismo modo que el plano del imperativo, es (escribe Koschmieder en referencia a Karl Bühler) el de la *Auslösung,* el de la realización o efectuación. Pero entre performativo [*Koinzidenzfall*] e imperativo existe una diferencia, que, icásticamente, Koschmieder formula así:

> "Der Koinzidenzfall [...] heischt [...] keine Auslösung wie der Imperativ, sondern er 'ist' Auslösung."

"A diferencia del imperativo [*Imperativ*], el performativo [*Koinzidenzfall*] no prescribe, no exige [*heischt*] una realización, una efectuación, una *Auslösung:* el performativo 'es' [*'ist'*] en sí mismo realización [*Auslösung*]."

2.2.3. En el *Koinzidenzfall,* no existe ni descripción (representación) de un acto (*in hypothesi:* del acto de la bendición, del acto de bendecir), *ni prescripción* de un acto, *sino ejecución,* efectuación, realización [*Auslösung*] de un acto. Frente a la alternativa: descripción (en términos de *Sein,* de ser) o prescripción (en términos de *Sollen,* de deber ser), existe otra alternativa: la realización (la *Auslösung*).

3. CONDICIONES DE VALIDEZ PRAGMATICA DE LOS PERFORMATIVOS: CONDICIONES PRAXEOLOGICAS VS. CONDICIONES PRAXEONOMICAS

Un acto performativo es un acto. En tanto que acto, tiene condiciones de validez, de validez pragmática (*validità pragmatica, pragmatische Gültigkeit, validité pragmatique, pragmatic validity*)[8]. Las condiciones de validez pragmática son de dos especies:

> (i) primera especie: condiciones praxeológicas (*condizioni praxeologiche di validità, praxeologische Gültigkeitsbedingungen, conditions praxéologiques de validité, praxeological validity-conditions*).

8 Sobre el concepto de validez pragmática, cfr. Carlos Alarcón Cabrera, *Validez pragmática. Una discusión con A. G. Conte,* 1993.

(ii) segunda especie: condiciones praxeonómicas (*condizioni praxeonomiche di validità, praxeonomische Gültigkeitsbedingungen, conditions praxéonomiques de validité, praxeonomical validity-conditions*).

Correlativamente, existen dos especies de validez pragmática y dos especies de invalidez pragmática.

Las dos especies de validez pragmática son la validez praxeológica (*validità praxeologica, praxeologische Gültigkeit, validité praxéologique, praxeological validity*) *y la validez praxeonómica* (*validità praxeonomica, praxeonomische Gültigkeit, validité praxéonomique, praxeonomical validity*).

Las dos especies de invalidez pragmática son la invalidez praxeológica (*invalidità praxeologica, praxeologische Ungültigkeit, invalidité praxéologique, praxeological invalidity*) y la invalidez praxeonómica (*invalidità praxeonomica, praxeonomische Ungültigkeit, invalidité praxéonomique, praxeological invalidity*).

Condiciones praxeológicas y condiciones praxeonómicas son dos conjuntos complementarios.

3.1. CONDICIONES PRAXEOLÓGICAS DE VALIDEZ PRAGMÁTICA

3.1.1. Las condiciones praxeológicas de validez derivan, *ab intra,* del propio concepto del acto (son conocidas, y reconocidas, por el *lógos,* y no impuestas théticamente por un *nomos,* por una regla, por una norma): no están determinadas, *ab extra,* por un *nomos,* en concreto por una regla anankástico-constitutiva sobre la validez del acto.

3.1.2. He aquí dos ejemplos, referidos ambos al acto performativo por antonomasia: la promesa (*promessa, Versprechen, promesse, promise*).

(i) Una primera condición praxeologica de validez de una promesa (del acto de la promesa) es que el objeto de la promesa sea un acto futuro. (Una promesa que sea promesa de un acto pasado es praxeológicamente inválida, inválida por razones que el *lógos* determina desde un punto de vista teorético.)

(ii) Una segunda condición praxeologica de validez de una promesa la enuncia Friedrich Nietzsche (1844-1900), *Menschliches, Allzumenschliches* [*Humano, demasiado humano*]:

> "Was man versprechen kann. - Man kann Handlungen versprechen, aber keine Empfindungen: denn diese sind unwillkürlich".
>
> "Lo que se puede prometer.-Se pueden prometer acciones [*Handlungen*], pero no sentimientos [*Empfindungen*], ya que los sentimientos son involuntarios [*unwillkürlich*].[9]

3.1.3. La mejor contribución a la teoría de las condiciones praxeológicas de validez pragmática es una obra de un fenomenólogo alemán discípulo de Edmund Husserl: Adolf Reinach, quien dedicó al tema el ensayo *Die apriorischen Grundlagen des bürgerlichen Rechtes* [Los fundamentos *a priori* del derecho civil], 1913.

9 Friedrich Nietzsche, *Menschliches, Allzumenschliches,* 1878-1879, aforismo 58.

3.2. *Condiciones praxeonómicas de validez pragmática*

A diferencia de las condiciones praxeológicas (determinadas desde un punto de vista teorético por el *lógos*), las condiciones praxeonómicas de validez están théticamente determinadas, *ab extra*, por un *nomos*, en concreto por una regla anankástico-constitutiva sobre la validez. Un posible ejemplo de condición praxeonómica de validez de la promesa es la licitud deóntica del acto prometido. Si esta condición necesaria de validez praxeonómica subsiste, es praxeonómicamente inválida toda promesa que sea promesa de un acto ilícito[10].

4. PERFORMAITVIDAD THETICA (THETICIDAD)

4.1. Los performativos más relevantes para la deóntica y para la filosofía del lenguaje normativo son los performativos théticos (*performativi thetici, thetische Performative, performatifs thétiques, thetic performatives*).

4.1.1. Para clarificar el concepto de performatividad thética o theticidad (*theticità, Thetizität, théticité, theticity*) enumero aquí, rapsódicamente, algunos ejemplos de performativos théticos: la convocatoria (de una asamblea), la advocación (de una causa por parte de un juez), la revocación (del mandato), el otorgamiento del mandato, la acusación, la condena, el perdón, la excomunión, la dimisión, la abdicación, la nominación, la ordenación (de un sacerdote), la absolución por parte del sacerdote al terminar la confesión (en alemán: *Absolution;* por contra, la absolución por parte del juez es llamada *Freispruch*)[11], la promulgación, la derogación, la invalidación, la anulación, la convalidación, la rescisión, la apuesta, la expulsión, la rendición, la renuncia, la convocatoria de un concurso, la descalificación, el reconocimiento (*Anerkennung*) de un Estado (en derecho internacional),...

4.1.2. Detengámonos en siete de estos performativos théticos.

(i) Invalidar un acto (un testamento, en el derecho; o, en el juego del fútbol, un gol) no es decir que es inválido, sino hacerlo inválido.

(ii) Consagrar una iglesia no es predicar de ella (rhéticamente) el *status* de

10 La validez praxeonómica no es legitimidad deóntica (es decir, licitud); y las condiciones de validez praxeonómica no son condiciones de legitimidad deóntica (es decir, de licitud) del acto. Es más: es posible que un acto deónticamente ilegítimo (según las reglas deónticas sobre su licitud) no sea praxeonómicamente inválido (según las reglas anankástico-constitutivas sobre su validez). Sobre las reglas anankástico-constitutivas, que condicionan la validez praxeonómica de un acto, cfr. Giampaolo M. Azzoni, *Il concetto di condizione nella tipologia delle regole,* 1988.

11 La absolución por parte del juez tras un proceso penal (en alemán: *"Freispruch"*, en holandés: *"vrijspraak"*) y la absolución por parte del sacerdote tras la confesión (en alemán: *"Absolution"*, en holandés: *"absolutie"*) tienen, en español, el mismo nombre. Pero, en realidad, *'Freispruch"* y *'Absolution'* son dos actos asimétricos, con presuposiciones antitéticas: A diferencia del *'Freispruch'*, la *'Absolutio'* presupone la no inocencia. La inocencia es declarada en el *'Freispruch'*, y constituida en la *'Absolution'*.

A diferencia de la absolución [*'Freispruch'*], la absolución por parte del sacerdote [*'Absolution'*] presupone la no inocencia y, théticamente, pone (restablece) la inocencia del penitente.

lugar sagrado, sino adscribirle (théticamente) dicho *status*.

(iii) Lo mismo ocurre con la secularización: la secularización de una iglesia no es un acto rhético, sino thético.

(iv) En la absolución (por parte del sacerdote: en alemán, *Absolution*), la inocencia no es objeto de declaración (el sacerdote no declara, falsamente, la inocencia: al contrario, presupone que no hay inocencia), sino de constitución.

(v) Excomulgar a alguien no es comunicar su no-pertenencia a la comunidad de los fieles, sino que es adscripción o producción (*Herstellung*) de tal condición. En el acto de la excomunión, la no-pertenencia a la comunidad de los fieles no es objeto de *rhêsis*, sino de *thésis;* no es objeto de *descripción,* sino de *adscripción;* no es objeto de *constatación* [*Feststellung*], sino de *constitución* [*Festsetzung*]; no es objeto de *Darstellung* [representación], sino de *Herstellung* [producción]. La excomunión no es *imperativa,* sino *operativa.*

(vi) Acusar (*accusare, beschuldigen, accuser, accuse*) no es afirmación (athética) de responsabilidad, sino adscripción (thética) de responsabilidad.

(vii) Derogar una ley no es decir que es inválida, sino hacerla inválida.

4.2. A la *performatividad thética* (performatividad de *poíesis*) se refiere Karl Olivecrona cuando habla de imperativos performativos. Por contra, la performatividad a la que se refiere Erwin Koschmieder en su teoría del *Koinzidenzfall* es la performatividad no thética, la *performatividad athética* (performatividad de *praxis*).

4.2.1. La performatividad de Olivecrona es la performatividad thética de aquél que, con las palabras que dice (con sus *Worte*), altera el mundo.

4.2.2. La performatividad de Koschmieder, por contra, es la performatividad athética de aquél que, con las palabras que dice (con sus *Worte*), simplemente realiza (efectúa) actos.

4.3. Dentro del conjunto de los performativos théticos, el subconjunto que mejor ejemplifica e ilumina el concepto de theticidad es el subconjunto de los performativos théticos anairéticos (griego *'anaíresis'* "derogación", en alemán: "*Aufhebung*").

El caso más obvio es la derogación, la *Aufhebung* (derogar no es decir invalidez, sino hacer invalidez). Otros ejemplos: la rescisión (de un contrato), la invalidación, la anulación, la excomunión.

Un ensayo sobre los performativos anairéticos podría titularse (con una variación a partir del título: *How to Do Things with Words, Cómo hacer cosas con palabras,* de J. L. Austin) *How to Undo Things with Words, Cómo deshacer cosas con palabras*)[12].

5. THETICIDAD Y DEONTICIDAD

¿Cuáles son las relaciones entre performatividad y normatividad? Sobre las

12 En el verbo inglés *'to undo'*, el morfema *'un'* no es el morfema negativo de los adjetivos *'unhappy'* "infeliz", *'untrue'* "no verdadero", "infiel", *'unfair'* "injusto", "inicuo", "desleal", sino que es el morfema (también con sentido negativo) que aparece en los verbos ingleses *'to unfold'* "desplegar", *'to unreel'* "desenrollar", *'to unfasten'* "desatar".

relaciones entre performatividad y normatividad existen (en deóntica y en filosofía del lenguaje normativo) dos doctrinas diametralmente opuestas: la *primera* afirma la primacía de lo deóntico, y considera lo performativo como una especie de lo deóntico; por contra, la *segunda* doctrina reconoce la especifidad de la performatividad thética, e incluso contrapone explícitamente la deonticidad a la theticidad. La primera es la teoría del sueco Karl Olivecrona; la segunda es la teoría del alemán Herbert Spiegelberg.

5.1. DESCONOCIMIENTO DE LA THETICIDAD EN KARL OLIVECRONA

5.1.1. La teoría de la deonticidad (normatividad) de los performativos (o mejor: de un subconjunto de performativos, en concreto de los performativos théticos) es mantenida por el sueco Karl Olivecrona. La enunciación de un enunciado como 'Fiat lux' (enunciación que es *operativa,* thética, y no *imperativa,* deóntica) es, para Olivecrona, imperativa: 'Fiat lux' es un imperativo anómalo, un imperativo adeóntico que él llama (con un *oxymoron*) imperativo performativo.

5.1.2. A la *adeonticidad* de los imperativos performativos (en sueco: *'performativa imperativer'* o *'performatoriska imperativer'*) Olivecrona contrapone la *deonticidad* de los imperativos que él llama "imperativos de acción" (en sueco: *'handlings-imperativer'*)[13].

5.2. RECONOCIMIENTO DE LA THETICIDAD EN HERBERT SPIEGELBERG

Karl Olivecrona desconoce la específica theticidad de los performativos théticos, considerándolos un subconjunto de los imperativos.

La especifidad de los performativos théticos es, por contra, reconocida por el filósofo alemán Herbert Spiegelberg (1904-1990)[14].

Las aportaciones de Spiegelberg a la teoría de la performatividad son al menos tres. Estas tres aportaciones conciernen a la posible función (valencia) thética de tres formas lingüísticas, cuya función (valencia) primaria es deóntica:

(i) el imperativo futuro del latín,

(ii) el subjuntivo del latín,

(iii) el verbo modal alemán *'sollen'*

5.2.1. *Función thética del imperativo*

El *imperativo futuro* latino puede tener no sólo valor deóntico (por ejemplo: 'Estote parati', 'Estad preparados'), sino también valor thético (por ejemplo: 'Ita ius esto', 'Sacer esto', 'Dis sacer esto', en las *Doce Tablas;* 'Heres esto', en los testamentos).

13 A esta contraposición que hace Olivecrona es afín la hecha por Spiegelberg entre las (adeónticas) '*Gestaltungsfestsetzungen*' y las (deónticas) '*Verhaltensfestsetzungen*'. Paolo di Lucia traduce respectivamente: *'norma formante', 'norma normante'*.

14 La contribución de H. Spiegelberg a la teoría de la performatividad thética (theticidad) es estudiada en un recientísimo ensayo de Paolo di Lucia.

5.2.2. *Función thética del subjuntivo*

El *subjuntivo* latino puede tener tanto valor deóntico o exhortatorio ("*coniunctivus cohortativus*": por ejemplo, 'Gaudeamus igitur', 'Alterius non sit qui suus esse potest', 'Moriamur pro rege nostro Maria Theresia'), como valor *thético* ("*coniunctivus constitutivus*": por ejemplo, 'Anathema sit', 'Fiat lux').

5.2.3. *Función thética del verbo 'sollen'*

El verbo modal alemán '*sollen*' (el verbo deóntico por antonomasia; es más, el verbo de la deonticidad, que aparece en términos como '*Sollnorm*', '*Sollsatz*', '*Sollsatzlogik*', '*Sollgeltung*', '*Sollensgeltung*',...) puede tener no sólo valor deóntico, sino también valor *thético*. Por ejemplo, '*sollen*' tiene valor thético (expresa un *Festsetzungssollen*, el *Sollen* de una *Festsetzung*) en el enunciado:

> "Buchstabe '*S*' soll das Satzsubjekt bedeuten".
>
> En efecto, este enunciado no se traduce al español como:
>
> "La letra '*S*' debe designar el sujeto del enunciado", sino como (prescindiendo de '*soll*'):
>
> "La letra '*S*' designa el sujeto del enunciado".
>
> La forma verbal '*soll*' (escribe Spiegelberg) tiene aquí una función thética: tiene
>
> "die Funktion, einen noch gar nicht bestehenden Sachverhalt [...] aufzusetzen"
>
> "la función de constituir o instituir [*aufsetzen*] un estado de cosas [*Sachverhalt*] no preexistente (no existente todavía)".

6. AUTOVERIFICACION VS. AUTOFALSIFICACION MEDIANTE LA ENUNCIACION PERFORMATIVA

En *Aspekte der Semantik der deontischen Sprache*, 1977, traté de demostrar que los enunciados deónticos pueden ser verificados mediante su enunciación performativa.

Pero hay una interesante asimetría entre *verificación y falsificación* de los enunciados deónticos: los enunciados deónticos pueden ser *verificados* por su enunciación performativa; pero no pueden ser *falsificados* por su enunciación performativa. Si un rey abdica inválidamente (por ejemplo, porque pronuncia el enunciado "Abdico" sin poner la mano sobre la Biblia), lo que el rey dice es sólo banalmente falso: el enunciado no es falso en virtud de su uso performativo[15].

(*Traducción castellana de Carlos Alarcón Cabrera*)

15 Amedeo G. Conte, *Aspekte der Semantik der deontischen Sprache*, 1977, nota 9.

VARIACIONES SOBRE EL TEMA DE LA DEROGACIÓN

Tecla Mazzarese

0. Introduccion

"El término 'derogación' [...] se usa en diferentes contextos para designar: 1) en algunas ocasiones un *acto:* el acto de derogar; 2) en otras ocasiones un *efecto:* el efecto derogatorio, que resulta de un acto de derogación"[1].

Esta distinción entre *dos* sentidos de 'derogación' (distinción propuesta por R. Guastini al comienzo de su ensayo: *In tema d'abrogazione*) no es, en mi opinión, exhaustiva. Por el contrario, me parece que existe un tercer sentido de 'derogación' que merece ser tomado en consideración: 'derogación' en el sentido de *hecho,* el hecho de que, como resultado (como efecto) de actos y/o procedimientos normativos, una o más normas sean (resulten ser) derogadas.

Esta tercera acepción de 'derogación' ('derogación' en el sentido de hecho) me la sugiere la ambigüedad de la segunda de las dos acepciones examinadas por el propio Guastini: 'derogación' en el sentido de electo. Ciertamente, 'derogación' en el sentido de efecto puede indicar: 1) el efecto que *es* la derogación (es decir, puede indicar de qué actos y/o procedimientos normativos es efecto, es resultado, la derogación, o, en otros términos, el hecho derogación); 2) el efecto que *tiene* la derogación (es decir, puede indicar cuáles son los efectos del hecho derogación, o, en otros términos, qué cosa comporta el hecho derogación).

La distinción de tres (y no, como en el análisis de Guastini, dos) acepciones del término 'derogación' no se inspira tanto en el deseo de contribuir en la consecución de una definición lexical de 'derogación' más completa, como en la necesidad de disponer de un aparato conceptual más articulado a fin de poder realizar una lectura crítica de dos tesis sostenidas por Guastini.

La *primera tesis* es que existe una *variedad de actos derogatorios.* (Examinaré esta tesis *sub* 1: *Derogación como hecho, y sub 2: Derogación como acto.*)

La *segunda tesis* es que existe una *variedad de efectos derogatorios.* (Examinaré esta tesis *sub* 3: *Derogación como efecto.*)

1. Derogación como hecho

En una de las tres acepciones distinguidas *sub* 0., el término 'derogación' designa un *hecho:* el hecho de que, como resultado (como efecto) de actos y/o procedimientos normativos, una o más normas sean (resulten ser) derogadas.

---

1 Cfr. R. Guastini, *In tema d'abrogazione,* 1987, p. 3.

(Examinaré el sentido de la expresión 'norma derogada' *sub* 3.1., y el sentido del término 'norma', en la expresión 'norma derogada', *sub* 3.2.)

Para una caracterización más completa de la derogación como hecho, me parece oportuno tomar en consideración dos cuestiones.

Primera cuestión: ¿Cuáles son (y/o pueden ser) los actos y/o los procedimientos que producen (que tienen como resultado) la derogación (es decir, que producen el efecto que la derogación es, la derogación como hecho)?

La respuesta a esta cuestión no puede darse de forma absoluta y en abstracto: obviamente, depende de las (y varía en relación a las) *metanormas sobre la derogación* de cada ordenamiento jurídico.

Una metanorma sobre la derogación se expresa, en el ordenamiento jurídico italiano, en el artículo 15 de las *Preleggi*[2]. Esta metanorma pone tres condiciones disyuntivamente suficientes (pero no necesarias: cada una de ellas es suficiente, ninguna es necesaria) para que exista derogación (para que se determine el hecho derogación)[3].

En efecto, según el artículo 15 de las *Preleggi,* las leyes se derogan: 1) "por declaración expresa del legislador"; 2) "por incompatibilidad entre las nuevas disposiciones y las precedentes"; 3) "cuando la nueva ley regula por completo la materia ya regulada por la ley anterior".

Segunda cuestión: ¿Resulta la derogación como hecho, sólo y exclusivamente, de un acto derogatorio? O, en otros términos, ¿es sólo y exclusivamente el acto derogatorio lo que determina (lo que tiene como resultado, lo que produce) la derogación como hecho?

La respuesta a esta segunda cuestión tampoco puede darse de forma absoluta y en abstracto; igual que la respuesta a la primera cuestión, depende también de las diferentes metanormas que los diferentes ordenamientos jurídicos ponen sobre la derogación.

Es posible que existan ordenamientos jurídicos en los que el acto derogatorio ("la declaración expresa del legislador") se ponga como condición no sólo suficiente, sino también necesaria, para que exista derogación. Sin embargo, esto no vale ni siempre ni necesariamente en todos los ordenamientos jurídicos. En el ordenamiento jurídico italiano, por ejemplo, me parece que

2 Distintas de las metanormas sobre la derogación son las metanormas derogatorias (o derogantes).

Parece que esta distinción, que es examinada por Guastini (*In tema d'abrogazione,* 1987, pp. 21-23), la desconoce G. Capozzi (*Temporalità e norma,* 1979, p. 327). Examinando el caso de la derogación tácita, Capozzi escribe: "En rigor, debe identificarse como 'norma derogante' [...] la norma puesta por el art. 15 de las *Preleggi*".

3 La caracterización de la metanorma expresada por el art. 15 de las *Preleggi* como metanorma que *pone condiciones sufficientes* se hace en el contexto de la tipología de las reglas constitutivas en términos de condición (tipología en relación con la cual el art. 15 de las *Preleggi* puede caracterizarse como regla *metatético-constitutiva*).

Sobre la tipología de las reglas constitutivas en términos de condición (tipología documentada por primera vez en A. G. Conte, *Konstitutive Regeln und Deontik,* 1981), cfr. G. P. M. Azzoni, *Condizioni costitutive,* 1986, y T. Mazzarese, *Metaregole,* 1985.

el ya citado artículo 15 de las *Preleggi* muestra, con suficiente claridad, que el acto derogatorio (la "declaración expresa del legislador") es una condición suficiente, pero no necesaria, para que exista derogación.

Ciertamente, en base al artículo 15 de las *Preleggi*, también existe derogación como resultado de actos *no* de derogación, *sino* de promulgación (o bien una norma incompatible con una norma precedente, o bien un conjunto de normas que disciplinan *ex novo* una materia por completo).

Considerar también derogatorios (como propone Guastini)[4] los actos de promulgación de una norma incompatible con una norma precedente, o de un conjunto de normas que disciplinan una materia por completo, me parece equivocado.

Me parece que tal consideración (aunque justificada por el intento de dar cuenta de los diferentes aspectos del tema de la derogación, para así delinear del mismo un cuadro sistemático y orgánico) es indicativa, por un lado, del desconocimiento de la diversidad de diferentes tipos de actos normativos, y, por otro lado, de la confusión entre lo que es peculiar a cada acto normativo y la variedad de efectos que, a cualquier acto normativo, puede ser adscrita por los diferentes ordenamientos jurídicos.

2. Derogación como acto

Me parece que de 'derogación' en el sentido de acto (en el sentido de acto derogatorio) se puede sólo hablar con relación a la denominada "derogación expresa" o, en otros términos, sólo con relación a la ejecución del particular acto lingüístico que *pone* (que produce, que tiene como resultado) una norma derogatoria (o, como estimo que sería más correcto decir: una *metanorma* derogatoria).

Que la norma derogatoria (*puesta* por un acto derogatorio) produzca a su vez (como hecho) una derogación "nominada", o, por el contrario, una derogación "innominada" es irrelevante de cara a la caracterización del tipo de acto lingüístico (el acto derogatorio) del cual es resultado la derogación.

Pienso que la diversidad de normas derogatorias (o, más correctamente: la diversa extensión del efecto derogatorio que deriva de normas derogatorias diversas) no provoca una distinción tipológica de actos derogatorios, ni de género ni de especie. Distinto del acto lingüístico de la derogación (y de lo que es peculiar al acto lingüístico de la derogación) es la norma derogatoria que es el producto del acto lingüístico de la derogación[5].

4 Cfr. R. Guastini, *In tema d'abrogazione,* 1987, pp. 6-8.

5 La distinción entre acto derogatorio y norma derogatoria (que es el producto del acto derogatorio) es frecuentemente desconocida, e incluso negada.

Un ejemplo particularmente significativo lo ofrecen algunas afirmaciones de C. E. Alchourrón y E. Bulygin. Cfr. C. E. Alchourrón / E. Bulygin, *Sobre la existencia de las normas jurídicas,* 1979, pp. 85-86: "Es importante no confundir la derogación con una norma [...] Si entendemos por 'norma' una proposición con sentido normativo (que ordena, prohíbe o permite alguna conducta o un estado de cosas resultante de una conducta), entonces no hay tal cosa como 'norma derogatoria'. Cuando el legislador dice en el artículo de una ley 'Derógase el art. 7 de la ley 14.288' *esto no es una norma sino la expresión verbal de un acto de*

3. DEROGACIÓN COMO EFECTO

Indicar una dirección a seguir para determinar los modos (si no las formas) en los que la derogación como hecho (el efecto que la derogación *es*) puede, con relación a las metanormas sobre la derogación de los diversos ordenamientos jurídicos, configurarse, nada dice, obviamente, sobre el efecto que la derogación *tiene,* o, en otros términos: sobre lo que la derogación conlleva, determina.

Respecto al efecto que la derogación *tiene,* pienso (a diferencia de lo que sostiene Guastini)[6] que, mejor que hablar de una variedad de efectos, es más oportuno hablar de un único (de un solo) efecto derogatorio: la revocación (la cesación) de la validez de normas.

Lo que varía no es el efecto derogatorio (que es uno y único), sino, si acaso, lo que es objeto del efecto (aquello sobre lo que el efecto se produce). En otras palabras, lo que varía no es el efecto derogatorio (la revocación de la validez de normas), sino su extensión, es decir: el conjunto de las normas de las que se revoca la validez, el conjunto de las normas derogadas.

Que el ámbito de normas sobre las que se produce el efecto derogatorio (que el número de normas derogadas) pueda ser variado depende de la propia variabilidad del ámbito de normas que son objeto, según los casos, del acto derogatorio o del acto normativo (aunque no sea un acto derogatorio, en virtud de las metanormas sobre la derogación) que produce la derogación.

La caracterización del efecto derogatorio como revocación de la validez de normas exige al menos dos precisiones.

La *primera precisión* concierne al término *'validez'.*

La *segunda precisión* concierne al término *'norma'.*

3.1. *Derogación como revocación de la 'validez' de normas.* Son muchos los análisis que tienen como objeto la ambigüedad del término 'validez', son muchas las acepciones que de dicho término se han distinguido, por los diferentes autores y, en ocasiones, por un mismo autor a lo largo de toda su obra[7].

Sin embargo, el panorama que resulta de estos análisis no me parece completamente clarificador. En efecto, en primer lugar, algunas de las acepciones que se han dado del término son, si se reflexiona, ambiguas en sí mismas (piénsese, por ejemplo, en 'validez' en el sentido de 'justicia', o en 'validez' en el sentido de 'obligatoriedad'); en segundo lugar, no deja de ser problemático determinar cuáles son y/o pueden ser, junto a las diferencias

rechazo" (las cursivas son mías); y C. Alchourrón, *Normative Order and Derogation,* 1982, p. 52: "When a legislative authority derogates a norm, its utterance is not a norm, although there is in it a reference to a norm".

6 Cfr. R. Guastini, *In tema d'abrogazione,* 1987, pp. 18-21.

7 Cfr., en particular, A. G. Conte, *Studio per una teoria della validità,* 1970; A. G. Conte, *Validità,* 1975; R. Guastini, *Primi elementi di logica deontica,* 1980-1981; R. Guastini, *Lezioni di teoria analitica del diritto,* 1982; J. Wróblewski, *Tre concetti di validità,* 1982.

específicas de cada acepción, las relaciones que existen entre ellas.

Una situación como ésta, en sí misma, hace difícil determinar la acepción (o incluso las acepciones) que el término 'validez' tiene cuando se caracteriza la derogación (más concretamente: el efecto que la derogación conlleva) como: "revocación de la validez de normas".

Una (quizás la única) acepción de 'validez' que creo que puede dar cuenta del efecto que la derogación conlleva es la siguiente: 'validez' en el sentido de existencia específica de una norma *en* un ordenamiento y *por* un ordenamiento[8].

La elección de esta acepción de 'validez' se debe a dos razones.

La *primera razón* es que esta acepción me parece, precisamente por su carácter meramente formal y convencional, la menos comprometedora teóricamente (aunque quizás sea la acepción ontológicamente más comprometida).

La *segunda razón* es que esta acepción da cuenta adecuadamente del carácter no sólo dinámico, sino también y sobre todo diacrónico, del ordenamiento jurídico en su conjunto y de las distintas normas que lo constituyen[9]. De este carácter diacrónico no se puede prescindir si se quiere dar cuenta del efecto que es propio de la derogación[10].

Que la derogación tenga efecto *ex nunc* y no *ex tunc* creo que significa precisamente que las normas de las que se revoca la validez dejan de existir en *un* ordenamiento y *por* un ordenamiento a partir de un determinado instante temporal. Dejan de existir *en* un ordenamiento en el momento y desde el momento en el que, en el ordenamiento, se da (se verifica) el hecho derogación; dejan de existir *por* un ordenamiento porque es el propio ordenamiento el que, con las metanormas sobre la derogación, establece en qué casos se da (se verifica) el hecho derogación.

Si estas observaciones son correctas, me parece que quedan cuestionadas las críticas dirigidas por Guastini contra la tesis según la cual (si por 'validez' se entiende la pertenencia, la *membership*, de una norma a un ordenamiento jurídico) el efecto derogatorio no consiste en la revocación de la validez de normas[11]. (De hecho, pienso que la acepción de 'validez' como pertenencia de una norma a un ordenamiento no difiere de modo significativo de la acepción,

8 Una formulación particularmente clara de la acepción de 'validez' que aquí examino se encuentra en A. G. Conte, *Validità*, 1975, p. 422. Escribe Conte: "El específico modo de existir de una norma es la existencia [...] en un particular ordenamiento (la existencia en un ordenamiento, la pertenencia a un ordenamiento); es la existencia por un ordenamiento, donde la preposición 'por' (*'per'*) significa tanto *'pour'* ('con relación a') como *'par'* ('en virtud de')".

9 El carácter diacrónico del ordenamiento jurídico es ya examinado en A. G. Conte, *Ordinamento giuridico*, 1966.

Cfr., además, G. H. von Wright, *Norms, Truth and Logic*, 1982; *Norms of Higher Order*, 1983; *Norms, Truth and Logic*, 1983.

10 Sobre este tema cfr., en particular, E. Bulygin, *Norms, Normative Propositions, and Legal Statements*, 1982; E. Bulygin, *Time and Validity*, 1982; A. A. Martino, *Derogation of Norms and Decidability in Legal Orders*, 1982.

11 Cfr. R. Guastini, *In tema d'abrogazione*, 1987, pp. 14-15.

que he examinado primero, de 'validez' como existencia específica de una norma *en* un ordenamiento y *por* un ordenamiento.)

La tesis de Guastini es que el efecto de la derogación no consiste en la expulsión de una norma del ordenamiento al que pertenece, sino en una mera delimitación de la esfera de aplicabilidad de la norma derogada.

Las razones que Guastini aduce a favor de su tesis son dos: 1) es posible que una norma derogada se aplique a controversias surgidas antes de la derogación; 2) "una norma derogada queda sujeta a una posible anulación"[12]. Cada uno de los dos casos muestra, según Guastini, que la norma derogada no deja de pertenecer al ordenamiento; si no fuese así, argumenta Guastini, entonces, en el primer caso no se podrían aplicar normas derogadas (como, por el contrario, puede suceder respecto a las controversias surgidas antes de la derogación), y, en el segundo caso, una norma derogada no se podría anular.

La argumentación de Guastini está, indudablemente, bien construida, pero pierde fuerza si se toma en consideración el elemento temporal, es decir, si se toma en consideración el carácter diacrónico del ordenamiento y de las distintas normas que lo constituyen.

Los dos casos mencionados por Guastini (1. aplicabilidad de una norma derogada; 2. anulabilidad de una norma derogada) confirman el carácter *ex nunc* (y no *ex tunc*) del efecto derogatorio; confirman que el efecto derogatorio revoca (hace cesar) la validez (la existencia de una norma *en* un ordenamiento y *por* un ordenamiento) en el momento y desde el momento en el que se verifica el hecho derogación. Esto significa que una norma, en tanto que derogada, no producirá más efectos en los casos que regula, pero, por ello mismo, no significa que se extingan los efectos que la norma ha producido antes de ser derogada. Precisamente porque la derogación (en tanto que opera *ex nunc*) no extingue los efectos que la norma derogada ha producido antes de la derogación, una norma derogada puede ser: 1) aplicada (en caso de controversias surgidas antes de la derogación); 2) anulada.

3.2. *Derogación como revocación de la validez de 'normas* No menos problemático que el concepto de validez es el concepto de norma.

En particular, respecto a la caracterización del efecto derogatorio como revocación de la validez de normas, hay dos perspectivas desde las que se puede examinar el concepto de norma: 1) desde la perspectiva de la ambigüedad del término 'norma'; 2) desde la perspectiva de la relación entre normas y enunciados normativos (o, en la terminología usada por Guastini: disposiciones normativas) que expresan normas.

El examen de las relaciones entre normas y enunciados normativos (disposiciones normativas) que expresan normas es obviamente superfluo para quien parta de que las normas son los enunciados (las disposiciones normativas) que las expresan y/o para quien (desconociendo los problemas de carácter hermenéutico que afectan a los enunciados normativos) parta de que existe una correspondencia biunívoca entre normas y enunciados normativos (entre normas y disposiciones normativas).

12 Cfr. R. Guastini, *In tema d'abrogazione*, 1987, pp. 14-15.

3.2.1. *Ambigüedad de 'norma'*. Como bien puso de relieve A. G. Conte, el término 'norma' se presenta en diferentes contextos y con diferentes acepciones[13]. Las cuatro acepciones de 'norma' diferenciadas por Conte son: 1) enunciación normativa (el acto lingüístico que se realiza al enunciar un enunciado normativo); 2) enunciado normativo (el objeto de la enunciación normativa); 3) proposición normativa (el significado, o, quizás mejor: uno de los posibles significados de un enunciado normativo); 4) *status* normativo (por ejemplo: una obligación o una prohibición; esta cuarta acepción de 'norma' es indudablemente de difícil caracterización, aunque, de cualquier modo, no parece ni asimilable ni reducible a ninguna de las tres acepciones precedentes).

La pluralidad de acepciones con las que el término 'norma' se presenta, en diferentes contextos, está en relación con la problematicidad de la caracterización del propio concepto de norma, que se puede considerar como entidad lingüística o como entidad no-lingüística[14].

Debe advertirse que tanto la acepción de 'norma' en el sentido de enunciación normativa como la acepción de 'norma' en el sentido de enunciado normativo parecen poco idóneas para una adecuada caracterización del concepto de norma. En particular, parece poco idónea la acepción de 'norma' que designa un enunciado normativo, principalmente (pero no exclusivamente) porque no permite dar cuenta de los problemas de carácter hermenéutico que afectan a los enunciados normativos (a las disposiciones normativas)[15].

Prefiero no entrar en la cuestión de si es más adecuada una caracterización del concepto de norma en términos *o* de proposición normativa, *o* de *status* normativo *o* de ambos[16]. Usaré, de ahora en adelante, 'norma' para designar

---

13 Cfr. A. G. Conte, *Studio per una teoria della validità*, 1970, p. 338: "Llamaré *enunciados deónticos* a los enunciados de la forma 'El comportamiento C es D' (donde D designa indistintamente uno de los modos deónticos: obligatorio, prohibido, permitido, facultativo, indiferente,...) y los enunciados sinónimos; llamaré *enunciaciones deónticas* a las enunciaciones de enunciados deónticos (enunciaciones realizadas a través de las *token-sentences* deónticas); llamaré *proposiciones deónticas* a lo que los enunciados deónticos expresan (por ejemplo, a lo que expresa el enunciado deóntico 'El comportamiento C es obligatorio'); finalmente llamaré *status* deónticos a los *análoga* de los 'hechos' (es decir, a las obligaciones, las prohibiciones...)".

Sobre las diferentes acepciones de 'norma', cfr. también R. Guastini, *Lezioni sul linguaggio giuridico,* 1985.

14 Para un análisis de algunas de las diferentes concepciones sobre el tema, cfr. K. Opalek, *The Problem of the Existence of the Norm,* 1970.

15 Sobre los problemas derivados de la interpretación de los enunciados normativos, cfr., en particular, G. Tarello, *L'interpretazione della legge,* 1980.

Más en general, sobre la problematicidad de caracterizar el concepto de norma como enunciado normativo, cfr. R. Guastini, *Lezioni sul linguaggio giuridico,* 1985.

16 El problema no es de fácil solución, no sólo, como se podría creer, por las consecuencias ontológicas que parecen derivarse del concepto de *status* normativo, sino también (y, quizás, sobre todo) por la problematicidad del propio concepto de proposición normativa.

En efecto, el concepto de proposición normativa es doblemente problemático:

En primer lugar, es dudoso que enunciados no apofánticos (y, en particular, los enunciados

una proposición normativa y/o un *status* normativo, y usaré 'enunciado normativo' para designar la formulación lingüística que expresa una o más normas.

A partir de estas premisas, una cuestión que debe examinarse es si el haber distinguido el enunciado normativo de la norma (de las normas) que expresa es incompatible con la caracterización (que antes he propuesto) del efecto derogatorio como revocación de la validez de normas.

Esta cuestión se plantea porque la derogación (no como efecto, sino) como hecho puede tener como objeto tanto enunciados normativos (disposiciones normativas) como normas, es decir, como aquello que es expresado por enunciados normativos (disposiciones normativas).

Delimitando el ámbito de los posibles ejemplos a la denominada "derogación expresa" (esto es, a la derogación como hecho que resulta de un acto derogatorio), nos encontramos con que en el caso de la denominada "derogación nominada" (uno de los dos posibles modos de derogación expresa) el objeto de la derogación no es una norma, sino un *corpus* de enunciados normativos (un texto normativo, como por ejemplo: "La ley 264 de 13 de marzo de 1958 sobre la protección del trabajo a domicilio es derogada"), mientras que en el caso de la denominada "derogación innominada" (el segundo de los dos posibles modos de derogación expresa) el objeto de la derogación son normas expresadas por uno o más enunciados normativos (ejemplo clásico: "Se derogan todas las normas incompatibles con la presente ley").

No obstante, que la derogación como *hecho* pueda tener como objeto tanto enunciados normativos como normas no me parece que sea algo que proporcione argumentos contra la tesis de que el *efecto* derogatorio puede consistir sólo en la revocación de la validez de *normas,* no de enunciados normativos (en contra de lo que sostiene Guastini)[17].

Así, también en el caso en el que la derogación como *hecho no* tiene como objeto normas, *sino* enunciados normativos, aquello cuya validez se revoca es el conjunto de normas expresadas por los enunciados normativos.

Sólo metonímicamente se puede hablar de derogación de enunciados normativos (de disposiciones normativas), del mismo modo que sólo metonímicamente se puede hablar de validez de enunciados normativos en vez de hablar de validez de normas[18].

---

normativos) expresen proposiciones.

En segundo lugar, no está claro (como lo demuestra la divergencia de posiciones tanto en filosofía de la lógica como en filosofía del lenguaje) qué se entiende por 'proposición' en el propio lenguaje apofántico (o, en otros términos: no está claro qué se entiende por 'proposición' cuando se habla de 'proposición expresada por un enunciado apofántico').

17 Cfr. R. Guastini, *In tema d'abrogazione,* 1987, pp. 18 ss..

18 De validez no sólo de normas, sino también de enunciados normativos (de disposiciones normativas) habla R. Guastini, por ejemplo, en *Produzione di norme a mezzo di norme,* 1985, pp. 8-9, nota 9.

De validez de enunciados (no normativos, sino) deónticos habla también A. G. Conte en *Studio per una teoria della validità,* 1970, p. 344. Pero debe resaltarse que en este trabajo,

3.2.2. *Problematicidad de la determinación del ámbito de normas sobre las que se produce el efecto derogatorio.* Independientemente de que la derogación como hecho tenga como objeto enunciados normativos (disposiciones normativas) o normas, resulta problemático determinar cuáles y cuántas son las normas cuya validez se revoca en virtud del efecto derogatorio.

El problema deriva del hecho de que no existe (al menos conforme a una tesis ampliamente compartida) correspondencia biunívoca entre enunciados normativos (disposiciones normativas) y normas.

Así, por un lado, un único y mismo enunciado normativo puede expresar más de una norma, y, por otro lado, una única norma puede ser expresada por más de un enunciado normativo.

Sobre la pluralidad y complejidad de los posibles procedimientos a seguir para determinar el ámbito de las normas cuya validez se revoca por el efecto derogatorio, me limito a remitirme a los trabajos de C. E. Alchourrón y E. Bulygin[19].

(*Traducción castellana de Carlos Alarcón Cabrera*)

(*) El presente ensayo de Tecla Mazzarese *Variaciones sobre el tema de la derogación* es la traducción castellana de su ensayo *Variazioni in tema d'abrogazione* (En: Claudio Luzzati (ed.), *L'abrogazione delle leggi*. Milano, Giuffrè, 1987, pp. 77-91).

según Conte, enunciado deóntico no es sólo una de las cuatro posibles caracterizaciones del concepto de norma (uno de los cuatro conceptos que el término 'norma' designa); es la caracterización más adecuada del concepto de norma. Aunque no se comparta (como me ocurre a mí) la asimilación entre enunciado deóntico y norma, lo cierto es que una vez hecha (o mejor: asumida), deja de ser contraintuitivo hablar de validez de enunciados deónticos.

19 Cfr. E. Bulygin / C. E. Alchourrón, *Unvollständigkeit, Widersprüchlichkeit und Unbestimmtheit der Normenordnungen*, 1977; C. E. Alchourrón / E. Bulygin, *Un modello per la dinamica dei sistemi normativi*, 1978; C. E. Alchourrón / E. Bulygin, *The Espressive Conception of Norms*, 1981; C. E. Alchourrón, *Normative Order and Derogation*, 1982.

SEMANTICA DEL LENGUAJE DEÓNTICO

Giampaolo M. Azzoni

"La norma, aun mostrándose como un
grado del significado de verdad,
tiene su medida de vida en el mundo"
Enzo Paci

1. Validez semantica en la deontica de Jerzy Wroblewski

1.1. La teoría de la validez deóntica[1] tiene dos tradiciones de estudio: una *ontológica* y una *semántica.*

Sólo recientemente se ha puesto de manifiesto la coexistencia de estas dos tradiciones en filosofía del derecho y en deóntica. Para el concepto de validez relativo a la *primera* tradición se ha propuesto el término 'validez *sintáctica';* para el concepto de validez relativo a la *segunda* tradición se ha propuesto el término 'validez *semántica*'[2].

Son dos conceptos inconmensurables porque se inscriben en dos paradigmas diferentes. El concepto de validez *sintáctica* selecciona un concepto de norma como entidad *extralingüística* (por ejemplo, como *witwór,* en el léxico de Kazimierz Twardowski, o como *status* deóntico, en la tetracotomía de los conceptos de norma elaborada por Amedeo G. Conte). Por el contrario, el concepto de validez *semántica* selecciona un concepto de norma como entidad *lingüística* o logoidal (por ejemplo, como *dictum,* o λεκτου como λεξισ) o como entidad intencional (como noema deóntico)[3].

1.2. La coexistencia de dos conceptos de validez deóntica es reconocida explícitamente por Jerzy Wróblewski en *Validità e struttura del sistema giuridico. Metateoria e Teoria Pura del Diritto,* 1991. Sorprendentemente, según este trabajo postumo, la validez sintáctica (que Wróblewski había estudiado en numerosas obras bajo el afortunado nombre de *'obowiazywanie systemowe',* 'validez sistémica') no se interpreta como validez ontológica, sino como validez semántica. En efecto, Wróblewski escribe: "la validez sistémica parece

1 Una significativa anticipación del término 'validez deóntica' [*'Sollensgeltung'*] se encuentra en una obra olvidada (y sólo ahora redescubierta por Luigi A. de Caro) de Gerhard Ledig: *Zur Logik des Sollens,* 1931.

2 Amedeo G. Conte, *Minima deontica,* 1988.

3 El término 'noema deóntico' me lo ha sugerido Amedeo G. Conte.

corresponder a la 'validez *semántica* thética'"[4].

1.3. El concepto de validez semántica[5], como el de validez sintáctica, es un antiguo concepto de la filosofía del derecho y de la deóntica; pero, quizás, su primera formulación conocida sólo se remonta a 1965.

En efecto, Amedeo G. Conte escribe que, "en un (inédito) ciclo de lecciones, *Metodologia del linguaggio normativo,* impartido en 1965 en el Centro de estudios metodológicos de Turin", ya sostuvo que "así como lo verdadero y lo falso son (en la terminología de Gottlob Frege, *Uber Sinn und Bedeutung,* 1892) las dos *Bedeutungen* de los enunciados descriptivos, [...] las *Bedeutungen* de los enunciados prescriptivos son lo válido y lo inválido"[6].

1.4. A lo largo del presente artículo intento mostrar cómo, paralelamente a la coexistencia de dos conceptos de validez deóntica (validez sintáctica y validez semántica), coexisten dos conceptos de validez semántica.

En efecto, el término 'validez semántica' designa indistintamente dos conceptos de validez, distintos y distinguibles en deóntica.

El *primero* es el concepto de verdad deóntica, el *segundo* es el concepto de *análogon* deóntico de la verdad[7].

Al concepto de verdad deóntica se dedica el epígrafe 2, al concepto de *análogon* deóntico de la verdad se dedica el epígrafe 3.

2. VALIDEZ SEMANTICA COMO VERDAD DEONTICA

Como he dicho, en deóntica coexisten dos conceptos de validez deóntica: validez sintáctica y validez semántica; y en el ámbito de la validez semántica coexisten dos conceptos: validez semántica como verdad deóntica y validez semántica como *análogon* deóntico de la verdad.

Pero también en el ámbito de la validez semántica como verdad deóntica[8]

---

4 Jerzy Wróblewski, *Validità e struttura del sistema giuridico. Metateoria e Teoria Pura del Diritto,* 1991, p. 307, nota 1.

5 Como me indica Amedeo G. Conte, el sintagma *'valid sentences of law'* está presente en Felix E. Oppenheim, *Outline of a Logical Analysis of Law,* 1944, pp. 153-154. En efecto, Oppenheim escribe: "Since one of the conditions which sentences of law must fulfill in order to be legally valid is that they must have been competently and thus officially stated, it follows that only persons in authority, such as legislators and judges, are capable of stating legally valid sentences of law. Sentences of law uttered by scientists, or by lawyers in their officies, cannot be valid, but only correct and true. [...] One of the particularities of any language of law consists thus in the fact the validity of its sentences depends not only upon syntactical and semantical, but also upon pragmatical conditions".

6 Amedeo G. Conte, *Ricerca d'un paradosso deóntico,* 1974, p. 485; ²1989, p. 80.

7 La distinción entre verdad deóntica y *análogon* deóntico de la verdad quizás esté latente en Georg Henrik von Wright, *Norm and Action,* 1963, p. 196: "The analogy between validity and truth is a bad one, and should therefore not be used. Validity is neither a 'substitute' for nor a 'parallel' to truth in the realm of norms".

8 Como me indica Paolo di Lucia, *'deontologische Wahrheit'* está presente en Franz von Kutschera, *Einführung in die Logik der Normen, Werte und Entscheidungen,* 1973, p. 55. Como me recuerda Giuseppe Lorini, *'deontic truth'* está presente en Héctor-Neri Castañeda,

coexisten dos conceptos: verdad deóntica *thética* y verdad deóntica *athética*[9].

Para el *primero* de los dos conceptos (verdad deóntica *thética*) la verdad deóntica consiste en la correspondencia entre el enunciado deóntico y el *status* deóntico constituido a través de la enunciación thética válida del propio enunciado deóntico.

Para el *segundo* de los dos conceptos (verdad deóntica *athética*) la verdad deóntica es también correspondencia entre un enunciado deóntico y un *status* deóntico, pero el *status* deóntico es lógicamente anterior y ontológicamente independiente del enunciado deóntico correspondiente.

Al *primero* de los dos conceptos (verdad deóntica *thética*) se dedica el epígrafe 2.1., al *segundo* de los dos conceptos (verdad deóntica *athética*) se dedica el epígrafe 2.2..

2.1. *EL CONCEPTO DE VERDAD DEÓNTICA THÉTICA*

2.1.1. En un estudio de pragmática del lenguaje normativo, Conte analizó el concepto de verdad deóntica thética examinando uno de los más problemáticos aspectos de la teoría de los actos del lenguaje de John Langshaw Austin: la relación entre performatividad y verdad.

Aparentemente, la performatividad es incompatible con la verdad. Como escribe Jacques Derrida, *Signature, événement, contexte,* 1972, "Austin a dû soustraire l'analyse du performatif à l'autorité de la valeur de vérité, à l'opposition vrai/faux, du moins sous sa forme classique, et lui substituer parfois la valeur de force, de différence de force"[10].

La tesis de la incompatibilidad entre performatividad y verdad nace del desconocimiento de una distinción fundamental: plano *pragmático de la enunciación* y plano *semántico del enunciado.* Según Conte, el hecho de que "las *enunciaciones* performativas de enunciados no sean verdaderas o falsas, no comporta que por ello no sean verdaderos los *enunciados* que en las enunciaciones performativas se emiten"; por el contrario, "la performatividad de la enunciación no excluye, sino que precisamente incluye (obviamente, si la enunciación es válida) la verdad del enunciado"[11].

Thinking and Doing: The Philosophical Foundation of Institutions, 1975, p. 239.

9 Amedeo G. Conte, *Minima deontica,* 1988, pp. 446-451. Como me indica Paolo di Lucia, *'athetisch'* ya aparece en una obra postuma de Alexius Meinong: *Zur Grundlegung der allgemeinen Wert-Theorie,* 1923, p. 126.

10 Jacques Derrida, *Signature, événement, contexte,* 1972, pp. 382-383.

11 Amedeo G. Conte, *Aspetti della semantica del linguaggio deóntico,* 1977, p. 151; ^{2}1989, p. 117.

A. G. Conte, en *In margine all'ultimo Kelsen,* 1967, pp. 120-121; ^{2}1980, p. 204; ^{3}1989, p. 26, escribe: "las proposiciones prescriptivas pueden ser o verdaderas, o falsas, ya que son o verdaderas, o falsas (*ab esse ad posse valet consequentia*); son o verdaderas, o falsas, ya que son verdaderas (una disyunción es verdadera si es verdadero uno de sus términos); son verdaderas, ya que son necesariamente verdaderas (*a necesse ad esse valet consequientia*). [...] Las proposiciones prescriptivas pueden ser o verdaderas, o falsas; es más, son o verdaderas, o falsas; es más, son verdaderas; es más, son necesariamente verdaderas".

Cfr. A. G. Conte, *Primi argomenti per una critica del normativismo,* 1968, p. 24.

Esta tesis vale, en particular, para los enunciados deónticos: todo enunciado deóntico es necesariamente verdadero si la enunciación es pragmáticamente válida, ya que se corresponde "con un *status* deóntico que comienza a ser (*entsteht, exsistit*) a través de una enunciación thética del enunciado deóntico"[12].

2.1.2. Es el propio Conte quien señala un aspecto paradójico del concepto de verdad deóntica thética: a través de la enunciación performativa de un enunciado deóntico es sólo posible la verificación, no la falsificación, del propio enunciado deóntico[13].

Según Edmund Husserl, *Logische Untersuchungen,* 1900-1901, "todos los enunciados ["*Aussagen*"] de la forma [...] *ordeno* ["*ich befehle*"] [...] son verdaderos ["*wahr*"] o falsos ["*falsch*"], pero la verdad ["*Wahrheit*"] coincide aquí con la veracidad ["*Wahrhaftigkeif*"]][14].

2.2. *EL CONCEPTO DE VERDAD DEÓNTICA ATHÉTICA*

2.2.0. Estimo que el autor en el que el concepto de verdad deóntica athética aparece más claramente es el filósofo y lógico polaco Jerzy/ Georges Kalinowski[15].

El concepto de verdad deóntica athética resuelve y disuelve lo normativo en la "legalidad interna de las cosas", en la *"innere Gesetzlichkeit der Sachen"*[16].

---

12 Amedeo G. Conte, *Minima deontica,* 1988, p. 448.

13 En un análisis de deóntica de la validez, Conte ha sometido a un experimento crítico algunas presuposiciones e implicaciones del concepto de validez semántica que están presentes en filosofía del derecho y en deóntica (Amedeo G. Conte, *Ricerca d'un paradosso deóntico,* 1974; *Experimente mit der Fachsprache der Deontik,* 1975). En particular, Conte ha negado que se pueda traducir en términos deónticos la paradoja óntica de Epiménides siguiendo el paradigma: 'válido', 'verdadero'.

14 Edmund Husserl, *Logische Untersuchungen,* ^{3}1922, III, p. 221.

15 Cfr. Roberto J. Vernengo, *Sobre algunos criterios de verdad normativa,* 1986, pp. 237-238: "Kalinowski se adhiere a tesis extremas de un realismo axiológico, para el cual los valores tienen existencia real objetiva; existen cosas o hechos valiosos que serían la contrapartida de los conceptos y los enunciados axiológicos. [...] Las normas de la ley natural tendrían fundamento en ese dominio ontológico. [...] Pero, en rigor, a Kalinowski no le interesa un análisis de los criterios semánticos de verdad de una expresión normativa. Le interesa más bien postular que una norma del derecho natural es verdadera conforme a criterios de correspondencia".

16 Edmund Husserl, *Logische Untersuchungen,* ^{3}1922, I, p. 46.

También en la traducción italiana de Karol Wojtyla, *Osoba i czyn,* 1969 [*Persona e atto,* 1982], 'validez' y 'verdad' parecen diferenciarse por el contexto en el que aparecen, pero no por el significado. Wojtyla (trad. italiana, pp. 189-190) escribe (en un epígrafe titulado "Lo verdadero (la validez) de las normas éticas"): "l'autocoscienza morale compie con molta chiarezza una specifica verifica delle norme [...]. Il vero è infatti intimamente legato al dovere [...]. Più volte (se non di regola) si parla in questo caso non tanto di verità quanto di validità. I giudizi teoretici sono veri o falsi, le norme invece sono valide oppure non valide". La traducción inglesa de este párrafo [*The Acting Person,* 1980, pp. 163-164] es sensiblemente distinta de la italiana. Como me indica Rocco Buttiglione, en la segunda edición polaca de *Osoba i czyn* el término polaco que corresponde al término 'validità' de

2.2.1. En la obra de Kalinowski el concepto de verdad deóntica athética se define a través de dos tesis:

(i) las normas designan estados de cosas normativos, "désignent des états de choses normatifs"[17] (tesis de la *designatividad de las normas*);

(ii) las normas pueden ser verdaderas o falsas, "possèdent la valeur logique de vérité ou de fausseté"[18] (tesis de la *apofanticidad de las normas*).

Estas dos tesis de *semántica del lenguaje deóntico* están conectadas (en la deóntica de Kalinowski) con una tercer tesis (no de semántica, sino) de *ontología de lo deóntico:* con la tesis de la existencia de una realidad deóntica, en la correspondencia con la cual consiste la verdad deóntica de las normas.

Si desde un punto de vista *axiológico* estas tres tesis pueden formar un συνολον, desde un punto de vista *lógico* las primeras dos tesis (de semántica del lenguaje deóntico) son independientes de la tercera tesis (de ontología de lo deóntico). En efecto, estudiar y enunciar las condiciones necesarias y/o suficientes de verdad de los enunciados deónticos no presupone ni implica la subsistencia de mundos posibles en los cuales tales condiciones se satisfagan[19].

2.2.2. A continuación volveré a recorrer sintéticamente el análisis de la verdad deóntica athética llevado a cabo por Kalinowski.

2.2.2.1. Según Kalinowski, todos los enunciados deónticos[20] designan estados de cosas normativos: "les normes-énoncés [...] désignent des états de choses normatifs"[21].

Kalinowski subraya enfáticamente que estas entidades semánticas (llamadas alternadamente "*normes*", "*normes-énoncés*", "*normes-propositions*", "*propositions normatives*") no son asimilables ni a los apofánticos *Rechtssätze* de Hans Kelsen, ni a los igualmente apofánticos *normative statements* de Georg Henrik von Wright[22].

---

la edición italiana es *slusznosc*. Sobre el término *'slusznosc'*, cfr. *infra* epígrafe 3..

17 Georges Kalinowski, *Sur les normes et la relation normative. Contribution à la sémiotique du langage normatif et à la logique des normes*, 1988, p. 18). Kalinowski, en *Les causes de certaines antinomies juridiques*, 1978, p. 95, distingue entre *signifier* y *désigner:* sólo un enunciado designativo puede ser verdadero o falso. Sobre esta distinción de Kalinowski, cfr. Amedeo G. Conte, *Parerga leibnitiana*, pp. 232-233; ^{2}1989, pp. 210-211.

18 Georges Kalinowski, *Possibilité et structure de la logique déontique*, 1965, p. 321; ^{2}1972, p. 95.

19 Kalinowski ha dedicado una monografía a un análisis específico de ontología metafísica: *L'impossible métaphysique*, 1981.

20 En la formulación de su semántica extensional, Kalinowski oscila de forma no rigurosa entre *'norme'*, *'norme-énoncé'*, *'norme-proposition'*, *'proposition normative'*. Conte ha propuesto como hiperónimo para los cuatro términos de Kalinowski: 'enunciado deóntico *in suppositione deontica*'.

21 Georges Kalinowski, *Sur les normes et la relation normative. Contribution à la sémiotique du langage normatif et à la logique des normes*, 1988, p. 18.

22 Es decir, la verdad deóntica no debe confundirse con "la validez, o verdad, de los enunciados deónticos descriptivos de normas", "de *status* deónticos" (cfr. Amedeo G.

Precisamente en tanto que designativas de estados de cosas normativos, "les normes-propositions, autrement dit les propositions normatives (qu'on ne doit pas [...] confondre ni avec les propositions normatives kelseniennes (*Rechtssätze*) lesquelles ne sont pas des normes (*Rechtsnormen*), mais des énoncés sur les normes, ni avec les *normative statements* de von Wright qui le sont également) désignent et tombent de fait dans les catégories du *vrai* et du faux"[23].

Es en la conformidad con estados de cosas normativos en donde se asienta la verdad deóntica athética ("*vérité*", en el léxico de Kalinowski) de los enunciados deónticos, sea cual sea la regla que enuncien.

Escribe Kalinowski: "les directives [...] possèdent la valeur logique de *vérité* ou de fausseté"[24].

2.2.2.2. Esta tesis puede parecer paradójica, pero Kalinowski la afirma explícitamente, incluso especificando que el concepto semántico de verdad, aplicado a las normas, no sufre distorsión alguna.

Paradójicamente, el máximo teórico de la verdad deóntica no afirma de ella su específica deonticidad.

En efecto, según Kalinowski, "la constatation de la possesion d'une valeur logique par les propositions pratiques n'entraîne aucune modification de la définition traditionnelle de la *vérité* considérée à juste titre comme adéquation de l'intellect (disons plus précisément: "des jugements émis par l'intellect") et de la réalité"[25].

En particular, "le problème de la *validité* de la norme juridique coïncide avec le problème de la *vérité*"[26].

Kalinowski escribe explícitamente: "toutes les normes morales sont *vraies* ou fausses"; "la condition de la *vérité* d'une proposition morale normative est celle qu'établit la définition classique de la *vérité*[27].

Un enunciado deóntico es *verdadero* si y sólo si es "conforme à la réalité déontique"[28], a la "*réalité ontico-déontique*"[29].

Conte, *Studio per una teoria della validità*, 1970, p. 351; [3]1989, p. 72).

23 Georges Kalinowski, *Ontique et déontique*, 1989, p. 446.

24 Georges Kalinowski, *Possibilité et structure de la logique déontique*, 1965, p. 321; [2]1972, p. 95.

25 Jerzy Kalinowski, *Teoria poznania praktycznego*, 1960, p. 135.

26 Georges Kalinowski, *De la signification des normes juridiques. A propos de l'article de Jerzy Wróblewski: "The Problem of the Meaning of the Legal Norm"*, 1991, p. 3.

27 Georges Kalinowski, *Le problème de la vérité en morale et en droit*, 1967, p. 243.

28 Georges Kalinowski, *Essai sur le caractère ontique du droit. Contribution à l'étude de l'être inentionnel et à l'ontologie du droit*, 1964, p. 98. El sintagma *'realité déontique'* está presente también en: Georges Kalinowski, *Querelle de la science normative* (*Une contribution à la théorie de la science*), 1969, p. 44.

29 Georges Kalinowski, *Le problème de la vérité en morale et en droit*, 1967, p. 239.

En la deóntica ontológica de Kalinowski están presentes también los términos *'réalité normative'* (*Introduction à la logique juridique*, 1965, p. 61) y *'réalité axiologique'* (*Le problème*

Así pues: "l'analogie entre les énoncés normatifs et constatatifs est totale"[30]. La alteridad de lo deóntico respecto a lo óntico viene a menos: "le parallélisme du déontique et de l'ontique atteint le niveau sémantique, aussi bien en matière de désignation et de *vérité* qu'en matière de signification"[31].

En la terminología de Gottlob Frege, se puede decir que, según Kalinowski, el paralelismo entre deóntico y óntico se refiere tanto a la *Bedeutung* como al *Sinn*.

3. VALIDEZ SEMANTICA COMO *ANALOGON* DEÓNTICO DE LA VERDAD

El concepto de verdad deóntica (que, como se ha visto, queda documentado en Conte y Kalinowski) no es el único concepto semántico de la validez. De la validez en tanto que verdad deóntica se distinguen los diferentes conceptos que han sido propuestos como *análoga* deónticos de la verdad.

En el origen (cronológico y filosófico) de los diferentes *análoga* deónticos de la verdad está el concepto de *slusznosc,* propuesto en 1936 por un filósofo polaco (como Wróblewski y Kalinowski): Jerzy Sztykgold, en *Negacja normy,* 1936 (ensayo citado primeramente por Kalinowski y traducido por Wróblewski y Conte).

Sztykgold escribe: "para las normas valen los criterios de la justeza *slusznosc"*] y de la no-justeza [*"nieslusznosc"*]. Según Sztykgold, "estos dos criterios corresponden exactamente a los criterios de la verdad y de la falsedad".

La analogía entre *slusznosc* y verdad es tal que, según Sztykgold, para las normas vale la lógica de lo verdadero y de lo falso: "todas las tesis del cálculo de los enunciados (de la lógica proposicional) son aplicables también a las normas".

(*Traducción castellana de Carlos Alarcón Cabrera*)

---

de la vérité en morale et en droit, 1967, p. 233).

30 Georges Kalinowski, *Obligations, permissions et normes. Réflexions sur le fondement métaphysique du droit,* 1981, p. 335.

31 Georges Kalinowski, *Ontique et déontique,* 1989, p. 443.

TRES PARADIGMAS PARA UNA TEORIA DE LAS RELACIONES ENTRE DERECHO Y LENGUAJE

Paolo di Lucia

"So unsinnig es wäre, eine Sprache
[...] erfinden zu wollen, ebensowenig
kann der Mensch mit seiner einseitigen
Vernunft ein Recht finden"
"Pretender inventar un derecho a través
sólo de la razón es tan insensato como
pretender inventar una lengua"
Jacob Grimm

0. La semejanza entre derecho y lenguaje: dos sentidos de la comparacion

La comparación entre derecho y lenguaje es el resultado de dos estrategias teóricas opuestas, con la misma dirección pero sentidos opuestos.[1]

En el primer sentido, derecho y lenguaje se comparan asemejando el derecho al lenguaje. Esto es lo que hace el máximo exponente de la Escuela histórica del derecho [*historische Rechtsschule*]: Friedrich Carl von Savigny.

En el segundo sentido, derecho y lenguaje se comparan asemejando el lenguaje al derecho. Esto es lo que hace el Institucionalismo lingüístico de Giacomo Devoto y Giovanni Nencioni.

0.1. *La semejanza del derecho con el lenguaje*

0.1.0. Asemejar el derecho al lenguaje es algo bastante obvio.[2]

Escribe Jacob Grimm: "Pretender inventar un derecho a través sólo de la

1 Entre lenguaje y derecho ha existido proximidad *ab antiquo* en filosofía. Ya la filosofía griega se cuestionaba si el derecho es derecho por naturaleza (*physei*) o por convención (*thesei*), y análogamente si el lenguaje es lenguaje por naturaleza (*physei*) o por convención (*thesei*). Cfr. Felix Heinimann, *Nomos und Physis. Herkunft und Bedeutung einer Antithese im griechischen Denken des 5. Jahrhunderts*, 1965.

2 Huellas de la semejanza se encuentran en Giambattista Vico [1668-1774], en Charles-Louis Montesquieu [1689-1755], en Johann Gottfried Herder [1744-1803], en Carlo Cattaneo [1801-1869], en Benedetto Croce [1866-1952], Croce escribe: "del mismo modo que ha sido imposible entender lo que es verdaderamente el lenguaje hasta que las gramáticas y los vocabularios se han seguido en la realidad lingüística, tampoco será posible entender el derecho hasta que las leyes, los códigos y los comentarios de los juristas se sigan en la realidad jurídica" (Benedetto Croce, *Filosofía della pratica*, 1923, p. 357).

razón es tan insensato como pretender inventar una lengua".[3]

Friedrich Carl von Savigny [1779-1861] es quien formula más explícitamente la semejanza del derecho (*Recht*) con el lenguaje (*Sprache*).[4]

Ahora bien, ¿en qué es semejante el derecho al lenguaje?

Para Savigny, la semejanza del derecho con el lenguaje se aprecia en *dos* vertientes.

0.1.1. En *primer lugar,* derecho y lenguaje se generan en un único y mismo lugar: en la conciencia popular (*'im Bewußtsein des Volkes'*).[5]

El derecho positivo (*positives Recht*), como la lengua, es formación autóctona y espontánea y se origina consuetudinariamente en la conciencia común del pueblo (en el *'gemeinsames Bewußtsein des Volkes'*), en la convicción popular (en la *'Volksüberzeugung'*), en las fuerzas silenciosamente activas del pueblo (en las *'innere stillwirkende Kräfte des Volkes'*).[6]

Para Savigny, el derecho (es más, el derecho positivo: el *positives Recht*) no es el *producto* de un *acto,* sino el *resultado* de un *proceso.*

En otros términos, el derecho positivo no es el producto de un *acto* (*nomothético*) de creación del legislador, sino el resultado de un *proceso* (*nomogénico*) de formación espontánea.

La tesis de Savigny se contrapone al *iuspositivismo* que postula que todo el derecho es el producto de un *acto* de creación. Sin embargo, no se identifica con el *iusnaturalismo* porque es una teoría del derecho positivo (*positives Recht*), no del derecho natural (*Naturrecht*), como anuncia ya el título del epígrafe en el que Savigny afirma esta tesis: *Entstehung des positiven Rechts* (Génesis del

---

3 "So unsinnig es wäre, eine Sprache [...] erfinden zu wollen, ebensowenig kann der Mensch mit seiner einseitigen Vernunft ein Recht finden". Cfr. Jacob Grimm, *Brief von Jacob Grimm an Savigny, Wien 29. October 1814,* 1953, p. 172.

4 En inglés y en alemán hay un solo término (respectivamente, *'language'* y *'Sprache'*) para 'lengua' y 'lenguaje', *'langue' y 'langage', 'lingua'* y *'linguaggio',* así como para el polaco *jezyk' y* para el ruso *'jazyk'* (etimológicamente afines al latino *'lingua'*). Es decir, en italiano y en español hay una única palabra (*'diritto',* 'derecho') para los términos ingleses *'law' y 'right',* y, a la inversa, dos palabras (*'lingua'* y *'linguaggio',* 'lengua' y 'lenguaje') para el término inglés *'language'.* Aunque debe recordarse que *'law' y 'right'* no son sinónimos. *'Right'* tiene el sentido *de facultas agendi, 'law'* tiene el sentido de *norma agendi.*

5 En la Escuela histórica del derecho esta semejanza aparece al menos en dos lugares: en Friedrich Carl von Savigny, en su polémica con Friedrich Anton Justus Thibaut [1772-1840] (*Vom Beruf unsrer Zeit für Gesetzgebung und Rechtswissenschaft,* 1814), y en Jacob Grimm (*Von der Poesie im Recht,* 1816). El ensayo de Grimm se publicó en la revista fundada por Savigny: *Zeitschrift für geschichtliche Rechtswissenschaft.* Sobre la semejanza del derecho con el lenguaje cfr. además Gustav Hugo [1764-1844], *Die Gesetze sind nicht die einzige Quelle der juristischen Wahrheiten,* 1812. Sobre estos

temas cfr. Giuliano Marini, *Il paragone tra diritto e linguaggio nella giurisprudenza romantica,* 1987.

6 "Ninguna analogía es más idónea que ésta del sendero para expresar la idea de la formación de secuencias lingüísticas de las que resulta la validez de formas autónomas: el sendero en el bosque se forma porque primero uno, después otros, lo recorren hasta que las huellas terminan dejando marcas: una actividad ha creado su forma". Antonino Pagliaro, *Nascita del segno,* 1957, p. 79.

derecho positivo).[7]

La teoría de Savigny no es una teoría del derecho de naturaleza (*Naturrecht*), sino una teoría de la naturalidad del derecho (una teoría del *natürliches Recht*). Savigny contrapone acertadamente el derecho natural (*natürliches Recht*) al derecho de naturaleza (*Naturrecht*).

Conviene subrayar aquí que tanto en la Escuela histórica del derecho del siglo XIX como en el Institucionalismo jurídico del siglo XX la semejanza del derecho con el lenguaje es relativa al fenómeno del derecho consuetudinario (*Gewohnheitsrecht*).[8]

Un interesante desarrollo de la analogía entre derecho y lenguaje para la elaboración de una teoría de la costumbre se documenta en el máximo exponente del institucionalismo jurídico italiano: Santi Romano [1875-1947].

"La costumbre [...] puede considerarse un 'vulgare ius' ('vulgare' en el sentido de 'popular') que se contrapone al 'ius scriptum', es decir, a la ley ('lex' de 'legere'), y esta contraposición recuerda, expresándolo con las palabras de Dante (*De vulgari eloquentia,* I, 1), aquella otra contraposición entre 'vulgaris locutio' y la 'locutio quam romani grammaticam vocaverunt'".

Así concluye Santi Romano:

> "Costumbre y lengua hablada, en tanto que se inician con la formación y la estabilización de las prácticas, no son en sí mismas y por sí mismas más que hechos: ambas son 'hechos normativos', de los cuales *'oritur ius'* y el conjunto de las reglas que sigue el lenguaje".[9]

0.1.2. En *segundo lugar,* siguiendo a Savigny, en el derecho, como en el lenguaje, a la primera fase de *formación espontánea* le sucede una segunda fase de *elaboración teorética.*

La segunda fase de desarrollo del derecho es la de los *juristas* (la fase del *wissenschaftliches Recht* o *Juristenrecht*), del mismo modo que la segunda fase de desarrollo del lenguaje es la de los *gramáticos.*

El paralelismo entre *juristas* y *gramáticos* ha sido resaltado por Giuliano Marini.

> "En el *primer periodo,* en la juventud de los pueblos, el derecho es exclusivamente consuetudinario, y es conocido y seguido por la conciencia común; en el *segundo periodo* es al principio, todavía, derecho consuetudinario, pero al dejar paso la facultad intuitiva

7 En 1814 Savigny escribe *Vom Beruf unsrer Zeit für Gesetzgebung und Rechtswissenschaft* para responder a las tesis expuestas por Friedrich Anton Justus Thibaut en *Uber die nothwendigkeit eines allgemeinen burgerlichen Rechtsfür Deutschland,* 1814.

8 *Das Gewohnheitsrecht* es el título de la obra de otro exponente de la Escuela histórica: Georg Friedrich Puchta [1798-1846], quien también asemeja el derecho al lenguaje. Sobre la *Escuela histórica del derecho* y sobre el *Institucionalismo jurídico* como momentos de una teoría de la pluralidad de los ordenamientos jurídicos cfr. Norberto Bobbio, *Teoría dell'ordinamento giuridico,* 1960, pp. 186-188.

9 Cfr. Santi Romano, *Consuetudine,* 1953. La mejor obra de Santi Romano es *L'ordinamento giuridico,* 1918.

> a la elaboración intelectual se convierte en derecho conocido y administrado por los *juristas,* quienes sin embargo no son sino representantes del pueblo en su específica esfera y, como los *gramáticos,* describen la vida del pueblo en el ámbito en el que son expertos: los gramáticos, en el ámbito de la *lengua;* los juristas, en el ámbito del *derecho.*"[10]

0.1.3. En el marco de la Escuela histórica, el análisis de las estructuras lingüísticas del derecho llevado a cabo por Jacob Grimm [1785- 1863], discípulo de Savigny, presta atención a la especifidad del lenguaje que *tiene* el derecho.

Jacob Grimm, *Von der Poesie im Recht* [*La poesía y el derecho*], 1816, analiza las formas poéticas que abundan en el lenguaje jurídico como forma específica de lenguaje.[11]

0.2. *La semejanza del lenguaje con el derecho*

0.2.1. Mientras que Savigny asemeja el derecho al lenguaje[12], el sentido de la comparación se invierte en el Institucionalismo lingüístico de Giovanni Nencioni y Giacomo Devoto, quienes no asemejan el derecho al lenguaje, sino el lenguaje al derecho.[13]

Lo que justifica la semejanza del lenguaje con el derecho es que el lenguaje, como el derecho, presenta los rasgos de la *institucionalidad y* la *sistematicidad.*[14]

En el libro *Idealismo e realismo nella scienza del linguaggio,* 1946 (en particular, en el capítulo titulado *L'istituzionalità della lingua*), Giovanni Nencioni examina la cuestión de la objetividad de la lengua: no [...] objetividad del acto lingüístico, sino de la realidad institucional y sistemática que está en la base del propio acto lingüístico": la lengua como *'institución'* y como *'sistema'.*

Así explica Nencioni la semejanza del lenguaje con el derecho:

> "El *derecho* (o mejor: un determinado instituto jurídico) se presenta como un cuerpo de reglas, esto es, de voluntades, [...] que tiene una realidad propia y una autonomía propia frente a las voluntades y

10 Cfr. Giuliano Marini, *La codificazione in Germania,* 1982, p. 35.

11 Como subraya Giuliano Marini, "la profunda afinidad entre derecho y poesía lleva consigo [...] el uso frecuente de procedimientos análogos; y la abundancia de rimas, aliteraciones, repeticiones del mismo concepto, dos o tres veces, en fórmulas que son ricas en significado reforzativo, en valor práctico y en belleza poética". Cfr. G. Marini, *Il paragone tra diritto e linguaggio nella giurisprudenza romantica,* 1987, p. 47. Chassan (*Essai sur la symbolique du droit précédé d'une introduction sur la poesie du droit,* 1847) dispuso en forma métrica las *regulae juris* del Digesto (citado en: Ferruccio Pergolesi, *Il diritto nella letteratura,* 1927).

12 En Italia la semejanza fue afirmada por Augusto Gaudenzi, *Lingua e diritto nel loro sviluppo parallelo,* 1883, y por Alessandro Levi, *Diritto e linguaggio,* 1931.

13 Cfr. Giovanni Nencioni [1911], *Idealismo e realismo nella scienza del linguaggio,* 1946, y Giacomo Devoto [1897-1974], *Ius. Di là dalla grammatica,* 1948. Cfr. además Piero Fiorelli, *Storia giuridica e storia linguistica,* 1957. Giacomo Devoto es además autor de uno de los más interesantes estudios sobre el vocabulario jurídico indoeuropeo: *I problemi del più antico vocabolario giuridico romano,* 1933.

14 Cfr. Pietro Piovani, *Mobilità, sistematicità, istituzionalità della lingua e del diritto,* 1962.

> a las conciencias individuales; un cuerpo de reglas, de voluntades, no ya en acto, sino en potencia, es decir, al acecho de la acción del sujeto que producirá la acción específica. Lo mismo ocurre en la *lengua:* un conjunto de medios expresivos y comunicativos (de semantemas, de fonemas, de formas, de sintagmas, de posibilidades verbales) está presente, como sistema potencial, en la conciencia del individuo, dispuesto a pasar al acto cuando surja en él la necesidad de hablar".[15]

Sebastiano Timpanaro clarifica así el significado de la tesis de Nencioni (la semejanza del lenguaje con el derecho) y la relación de esta tesis de Savigny (la semejanza del derecho con el lenguaje):

> "En esta nueva aproximación entre lengua y derecho hay, respecto a Savigny y a Gaudenzi, una inversión de términos: mientras que para éstos el derecho era *un organismo natural similar a la lengua,* para Devoto y Nencioni la lengua es *una institución humana, histórico-social, similar al derecho*".[16]

0.2.2. En algunos autores, la comparación entre derecho y lenguaje se dilata y se amplía convirtiéndose en una comparación de tres dimensiones.

Por ejemplo, David Hume asemeja por una parte las lenguas naturales (*languages*) al derecho, y por otra parte el dinero al derecho.

Igual que el derecho, también las lenguas y el dinero se han establecido gradualmente gracias a convenciones humanas y sin ninguna promesa.[17]

La afinidad entre derecho, dinero y lenguaje es triple. En lenguaje aristotélico: derecho, dinero y lenguaje son afines por *causa efficiens,* por *causa materialis,* por *causa finalis.*

Derecho, lenguaje y dinero son afines por causa *efficiens* porque su causa *efficiens* es un proceso histórico; por causa *materialis* porque tienen contenido normativo; por causa *finalis* porque cumplen la función de hacer posibles relaciones intersubjetivas.[18]

---

15 Cfr. Giovanni Nencioni, *Idealismo e realismo nella scienza del linguaggio,* 1946, p. 169. El libro de Giovanni Nencioni se dedicó a un filósofo del derecho: Flavio López de Oriate.

16 Cfr. Sebastiano Timpanaro, *A proposito del parallelismo tra lingua e diritto,* 1963, p. 6.

17 "In like manner are languages gradually establish'd by human conventions without any promise. In like manner do gold and silver become the common measures of exchanges, and are esteem'd sufficient payment for what is of a hundred times their value". Cfr. David Hume, *A Treatise of Human Nature,* 1978, p. 490. Análogamente, derecho (*Recht*), dinero (*Geld*) y lenguaje (*Sprache*) son comparados por Gerhard Ledig en el ensayo que tiene por título: *Recht, Geld, Bild, Sprache* (*Strukturvergleichende Studien*), 1932-1933. Sobre la obra de Ledig, cfr. Luigi A. de Caro, *Deontica in Gerhard Ledig,* 1995.

18 En palabras de Pietro Costa (*Il progetto giuridico,* 1974, p. 177): "derecho, lenguaje y dinero están en estrecha relación recíproca".

En primer lugar, derecho, dinero y lenguaje "*se forman* con un procedimiento análogo (no 'voluntarísticamente' o 'contractualmente', sino 'históricamente')".

En segundo lugar, derecho, dinero y lenguaje "tienen un *contenido* normativo análogo".

0.2.3. He presentado dos direcciones opuestas en las que se ha defendido la semejanza entre derecho y lenguaje: la semejanza del derecho con el lenguaje (Savigny y la Escuela histórica del derecho); la semejanza del lenguaje con el derecho (Giovanni Nencioni y Giacomo Devoto y el Institucionalismo lingüístico).

No obstante, debe tenerse presente que, en realidad, los objetos designados por el término 'lenguaje' no son homogéneos en las dos comparaciones. Utilizando el léxico de Saussure, se podría decir que mientras que Nencioni asemeja al derecho el lenguaje entendido como *langue,* Savigny asemeja el derecho al lenguaje entendido *como faculté de langage.*[19]

0.3. Para elaborar una teoría de las relaciones entre derecho y lenguaje usaré tres paradigmas:

(i) juridicidad del lenguaje vs. lingüisticidad del derecho (epígrafe 1.);

(ii) lingüisticidad del derecho vs. lingüisticidad de la norma (epígrafe 2.);

(iii) lenguaje de la normatividad vs. normatividad del lenguaje (epígrafe 3.).

1. PRIMER PARADIGMA: JURIDICIDAD DEL LENGUAJE VS. LINGÜISTICIDAD DEL DERECHO

El primero de los tres paradigmas para la elaboración de una teoría de las relaciones entre derecho y lenguaje es el paradigma: juridicidad del lenguaje vs. lingüisticidad del derecho.

1.1. JURIDICIDAD DEL LENGUAJE

La tesis de la juridicidad del lenguaje se documenta, como se ha visto, en el Institucionalismo lingüístico de Giovanni Nencioni y Giacomo Devoto. El instilucionalismo lingüístico asimila la lengua a un instituto jurídico.

He hablado ya de esta tesis, desarrollada por Nencioni en un libro de 1946 (año en el que aparece también la segunda edición del *Ordinamento giuridico* de Santi Romano), en el epígrafe 0.2.1.

Precisamente durante aquellos años, y en el ámbito de la cultura filosófica anglosajona e italiana, se asiste sorprendentemente, de forma paralela, al surgimiento del fenómeno opuesto a la "juridificación del lenguaje": a la "lingüistización del derecho".[20] En este sentido, el derecho es concebido como

---

En tercer lugar, derecho, dinero y lenguaje "cumplen la misma necesaria, 'automática' *función:* la función decisiva de crear la posibilidad de las relaciones intersubjetivas".

Sobre los límites de la analogía entre dinero y lenguaje, cfr. Vittorio Mathieu, *Filosofia del denaro,* 1985, pp. 37-39 y 41.

19 Antonino Pagliaro (*Linguistica della "parola"*, 1955, p. 5) define *langue:* "el componente objetivo con el que toda facultad de hablar se ejerce necesariamente"; *langage:* "la facultad del hablar, del expresarse mediante símbolos fonéticos propios del hombre".

20 Análogamente, al estudiar las relaciones entre derecho y lógica, Bobbio habló de "logicización del derecho" y "juridificación de la lógica". Cfr. Norberto Bobbio, *Formalismo giuridico e formalismo etico,* 1955, p. 154. Sobre la juridicidad de las estructuras lógicas

lenguaje por tres filósofos: Felix E. Oppenheim, Norberto Bobbio, Uberto Scarpelli.

1.2. *Lingüisticidad del derecho (dos tesis: derecho como lenguaje- objeto; ciencia del derecho como metalenguaje)*

En la escuela analítica de filosofía del derecho, el derecho es concebido como lenguaje por su fundador: Norberto Bobbio. Existía ya una prefiguración de esta tesis que Bobbio ignoraba entonces: el ensayo del filósofo Felix Errera Oppenheim, *Outline of A Logical Analysis of Law,* 1944.

A diferencia de Bobbio, Uberto Scarpelli, el tercer autor de la concepción lingüística del derecho, sí citó el ensayo de Oppenheim en el libro: *Filosofia analitica e giurisprudenza,* 1953.

No obstante, para comprender el alcance de la tesis de la lingüisticidad del derecho resulta quizás oportuno subrayar la incidencia en el ámbito de las ciencias sociales de la metodología del positivismo lógico del Círculo de Viena (*Wiener Kreis*), metodología que estaba siendo introducida en la cultura filosófico-jurídica italiana por Bobbio y Scarpelli.

En particular, la incidencia de la tesis fisicalista de la intranscendibilidad del lenguaje se documenta en una breve nota de Uberto Scarpelli, *Scienza del diritto e analisi del linguaggio,* 1948, y en la homónima conferencia que Norberto Bobbio dio en marzo de 1949 en el Centro de Estudios Metodológicos de Turin.

¿Es la jurisprudencia una ciencia? He aquí el "problema de la cientificidad de la jurisprudencia", que motiva las contribuciones de Bobbio y Scalpelli. ¿Merecen las investigaciones de los juristas - se pregunta Bobbio - el nombre de investigaciones científicas?"

Para Bobbio y Scalpelli, es posible dar una respuesta afirmativa a estas preguntas con la condición de que el derecho sea concebido como un conjunto de enunciados: como el conjunto de los enunciados normativos ('proposiciones normativas', *'proposizioni normative'*) del legislador. El conjunto de estos enunciados (normativos) constituyen el lenguaje-objeto del metalenguaje (descriptivo) que es la ciencia jurídica.

Bobbio y Scarpelli adscriben a los enunciados normativos ('proposiciones normativas') del legislador el valor que tienen para el científico los enunciados protocolarios (*Protokollsätze, protocol-sentences*).

El lenguaje legislativo se convierte así en *Protokollsprache* de la ciencia jurídica.

Para Bobbio y Scarpelli, los enunciados legislativos constituyen para el jurista-científico los protocolos (*Protokolle*) de la experiencia jurídica.

Por tanto, la legitimidad de la estrategia epistemológica de Bobbio y Scarpelli se funda, como subraya Enrico Opocher, en la posibilidad de responder afirmativamente a la siguiente pregunta: ¿Pueden las proposiciones formuladas por el legislador tener para el jurista el mismo valor convencional que tienen las *proposiciones protocolarias,* según el positivismo lógico, para el científico?"[21]

---

en referencia a la filosofía transcendental de Immanuel Kant había escrito ya Guido Morpurgo- Tagliabue en *Le strutture del trascendentale,* 1951, p. 123 y p. 313.

21 Para Opocher, una respuesta negativa a esta pregunta hace que deje de tener sentido el

En la *filosofía analítica del derecho* de Bobbio y Scarpelli, la teoría de la lingüisticidad del derecho se articula mediante dos tesis: el derecho es un *lenguaje-objeto;* correlativamente, la ciencia del derecho es un *metalenguaje* (metalenguaje cuyo lenguaje-objeto es el derecho).

1.2.1. Primera tesis: derecho como lenguaje-objeto

1.2.1.1. En Felix E. Oppenheim, Norberto Bobbio y Uberto Scarpelli se documenta la primera de las dos tesis: la concepción del derecho *como lenguaje* (como llega a escribir Uberto Scarpelli, la concepción del derecho como *lenguaje-objeto*).[22]

La relación entre derecho y lenguaje es estudiada por estos tres autores en un sentido radicalmente diferente al que habían seguido antes la Escuela histórica fundada por Savigny y el Institucionalismo lingüístico.

Para estos tres autores (Oppenheim, Bobbio, Scarpelli) el derecho es lenguaje: todo derecho es un texto, un conjunto de enunciados (*a class of sentences*), un *corpus* de normas.[23]

Esta tesis se formula explícitamente en el precursor ensayo de Felix Oppenheim *Outline of A Logical Analysis of Law* (p. 142):

> "Podemos considerar el derecho de cualquier comunidad como un conjunto de *enunciados* [*a class of sentences*] que constituye un *lenguaje* [*a language*] que expresa las reglas jurídicas, las decisiones, los mandatos de la comunidad".

El término 'lenguaje-objeto' lo introduce Uberto Scarpelli: un ordenamiento jurídico es "un sistema lingüístico que respecto a la ciencia del derecho es un dato; o mejor (usando una expresión no ambigua como 'dato', pero capaz de encontrar una definición rigurosa en la teoría analítica), que constituye el *lenguaje-objeto* que la ciencia del derecho analiza semántica y sintácticamente".[24]

Continúa Scarpelli: "El objeto de la ciencia jurídica lo constituye todo el conjunto de las proposiciones normativas pertenecientes al lenguaje-objeto".

Paradójicamente, la tesis del derecho como lenguaje-objeto aparece en Amedeo G. Conte, un autor que pronto pasaría a criticarla radicalmente.

> "Incluso cuando el jurista habla de algo más que del lenguaje-objeto del legislador (cuando, por ejemplo, en la interpretación

---

modelo epistemológico de Bobbio y Scarpelli. Cfr. Enrico Opocher, *Positivismo logico e scienza giuridica,* 1951, p. 144.

22 Felix Oppenheim, *Outline of A Logicai Analysis of Law,* 1944 (cfr. La recensión de Nelson Goodman en el mismo año, pp. 105-106); Norberto Bobbio, *Scienza del diritto e analisi del linguaggio,* 1950; Uberto Scarpelli, *Filosofia analitica e giurisprudenza,* 1953. Sobre la aproximación neopositivista al ordenamiento jurídico (*legal System*) como sistema lingüístico (*linguistic System*), cfr. además Mario Jori, *Legai Systems,* 1994.

23 De *corpus* normativo habla el fundador de la lógica deóntica Georg Henrik von Wright en *Norm and Action,* 1963, p. 151: "I shall introduce the notion of *corpus* of norms. By this I understand a set of prescriptions which all have the same authority."

24 Cfr. Uberto Scarpelli, *Filosofia analitica e giurisprudenza,* 1953, p. 163

histórica habla de algo más que de los códigos), no trasciende tampoco al lenguaje, sino que pasa de un lenguaje a otro, del lenguaje de los códigos y de los trabajos preparatorios al lenguaje de la historiografía".[25]

1.2.1.2. La tesis de que el derecho es un lenguaje, un conjunto de entidades lingüísticas, o mejor, de que todo derecho es un texto (*a class of sentences*), es negada, con argumentos de creciente radicalidad, tanto en metodología del derecho comparado (Rodolfo Sacco) como en filosofía del derecho (Antonio Pígliaru) y como en sociología del derecho (Theodor Geiger).

En primer lugar, por lo que se refiere a la lingüisticidad de *cada una* de las normas jurídicas, en *metodología del derecho comparado,* Rodolfo Sacco ha negado (denunciando la existencia de *criptotipos*) que todas las normas de un ordenamiento jurídico sean entidades lingüísticas.

Para Sacco, sucede con frecuencia que una regla "presente en modo críptico", es decir, no formulada lingüísticamente en un ordenamiento jurídico, "se verbalice en un sistema diverso": "el examen de las soluciones francesas a los temas de la donación en mano, de la devolución de lo dado indebidamente y del cumplimiento de obligaciones naturales permite concluir que en Francia rige la regla - verbalizada en Alemania - según la cual la consigna es un modo abstracto de transferencia de la propiedad mobiliaria. "[26]

En segundo lugar, en lo que concierne a la lingüisticidad de los ordenamientos jurídicos, el filósofo del derecho Antonio Pígliaru y el sociólogo del derecho Theodor Geiger han mostrado la existencia de ordenamientos jurídicos que no son conjuntos de entidades lingüísticas: en particular, han mostrado la existencia de ordenamientos jurídicos preexistentes a la palabra escrita.[27]

(i) *Codificación lingüística realizada 'ex post' por el jurista.* Para el filósofo del derecho Antonio Pígliaru (el teórico de la *vendetta barbaricina come ordinamento giuridico*), existen normas cuya codificación lingüística se realiza *ex post* por el jurista.[28]

Un ejemplo de estas normas lo constituyen los 23 artículos del código de la venganza *barbaricina* redactado por Pígliaru; es decir, la "transcripción", "precisamente en términos de código", y "teniendo en cuenta los esquemas

25 Amedeo G. Conte, *Saggio sulla completezza degli ordinamenti giuridici,* 1962, pp. 192-193.

26 Rodolfo Sacco [1923], *Criptotipo,* 1989, p. 40. Sacco emplea el concepto de criptotipo (*cryptotype*) del lingüista americano Benjamin Lee Whorf: "los criptotipos, aunque no verbalizados, se perciben y transmiten de una generación de juristas a la siguiente, del mismo modo que las reglas jurídicas no escritas se custodian y transmiten a través del tiempo."

27 Rodolfo Sacco (*Cos'è il diritto comparato,* 1990, p. 14) formula una hipótesis todavía más radical: "El derecho no necesita la palabra. El derecho preexiste a la palabra articulada. El derecho conoce todavía hoy dicotomías cargadas de significado por la permanencia actual de instrumentos que se remontan a cuando el hombre no tenía la palabra y no usaba la palabra para crear datos jurídicos". Sacco dedica al derecho sin lenguaje un trabajo icásticamente titulado: *Il diritto muto,* 1993.

28 Cfr. Antonio Pígliaru [1922-1969], *La vendetta barbaricina come ordinamento giuridico,* 1959. El código de la venganza barbaricina compilado por Pígliaru consta de 23 artículos.

organizativos del derecho penal contemporáneo", de la práctica de la venganza en *Barbagia.*

Reproduzco el *primero* y el *último* de estos veintitrés artículos:

> "Art. 1: La ofensa debe vengarse. No es hombre de honor quien se sustrae al deber de la venganza, salvo en el caso de que, siempre que haya dado en el conjunto de su vida prueba de su virilidad, renuncie por un motivo moral superior. "

> "Art. 23: La acción ofensiva realizada a título de venganza constituye a su vez nuevo motivo de venganza por parte de quien ha sido agredido si el agresor ha actuado de forma desproporcionada, inadecuada o desleal. La venganza con sangre constituye ofensa grave incluso cuando se ha consumado con el fin de vengar una anterior ofensa de sangre. "

(ii) *Codificación lingüística 'ex post' realizada por el legislador.* Para el sociólogo del derecho Theodor Geiger, existen normas cuya codificación lingüística se realiza *ex post* por el legislador.[29]

En efecto, Geiger contrapone (en el ámbito de los enunciados normativos del legislador) enunciados normativos proclamativos (*proklamative Normsätze*) a enunciados normativos declarativos (*deklarative Normsätze*). Con los primeros (los enunciados normativos proclamativos) una norma (*Norm*) es estatuida (*statuiert*), introducida (*eingeführt*), creada (*geschafft*) por el legislador; con los segundos (los enunciados normativos declarativos) una norma (*Norm*) no es objeto de *constitución,* sino de *constatación.* Para Geiger, con un enunciado normativo declarativo el legislador constata (*konstatiert, stellt fest*) la subsistencia (*Bestehen*) de una norma (*Norm*).

Junto al análisis de los enunciados normativos declarativos, Geiger formula una decisiva e iluminante tesis sobre la relación entre normas (*Normen*) y enunciados normativos (*Normsätze*): la tesis que Amedeo G. Conte ha llamado: tesis de la no correspondencia biunívoca entre conjunto de las *Normen* y conjunto de los *Normsätze.*

En primer lugar, la presencia de un enunciado normativo (*Normsatz*) no es, para Geiger, *condición necesaria* de existencia de una norma (*Norm*).

En palabras de Geiger: "la misma norma puede subsistir sin la envoltura lingüística del enunciado".

En segundo lugar, la presencia de un enunciado normativo (*Normsatz*) no es, para Geiger, *condición suficiente* de existencia de una norma (*Norm*).

En palabras de Geiger: "no a todo enunciado de la forma gramatical de un enunciado normativo le corresponde una norma subsistente".

1.2.2. *Segunda tesis: ciencia del derecho como metalenguaje*

1.2.2.1. Hasta ahora he hablado de la tesis defendida por Oppenheim,

---

29 Theodor Geiger [1891-1952], *Vorstudien zu einer Soziologie des Rechts,* 1947. Sobre Geiger cfr. Alberto Febbrajo, *Materiali sulla sociologia del diritto di Theodor Geiger,* 1979; Amedeo G. Conte, *Validità athetica,* 1990; Gregorio Robles, *Sociologia pura del diritto* vs. *teoria pura del diritto: validità ed efficacia delle norme,* 1992; Carlos Alarcón Cabrera, *Validità sintattica* vs. *invalidità sintattica in Geiger,* 1994.

Bobbio y Scarpelli, y criticada por Sacco, Pígliaru y Geiger. La concepción del derecho como lenguaje (*language*), en concreto como conjunto de enunciados (*class of sentences*), produce consecuencias inmediatas en la concepción de la ciencia del derecho: la ciencia jurídica es, en tanto que ciencia *del* derecho, el metalenguaje[30] del lenguaje-objeto que es el derecho.

Esta tesis está límpidamente documentada en Felix E. Oppenheim, Uberto Scarpelli y Norberto Bobbio.

Escribe Oppenheim:

> "Ya que los sistemas jurídicos están constituidos por enunciados jurídicos [*sentences of law*], de ello deriva que la ciencia del derecho consiste en proposiciones sobre enunciados jurídicos [*statements about sentences of law*]".

Escribe Scarpelli:

> "El objetivo de la ciencia del derecho es el análisis del lenguaje del legislador para transformarlo en un discurso riguroso".

Escribe Bobbio:

> "En su parte esencial, la ciencia del derecho es un análisis del lenguaje, en concreto del particular lenguaje en el que a través de las proposiciones normativas se expresa el legislador".

1.2.2.2. La distinción entre lenguaje (jurídico) objeto (la expresión es de Scarpelli, *Filosofia analitica e giurisprudenza*, 1953, p. 71) y metalenguaje jurídico fue prefigurada por Hans Kelsen, quien llamó a los enunciados del lenguaje-objeto *Sollnormen*, y a los enunciados del metalenguaje *Sollsatze*.

Impresiona la posibilidad de homonimia entre *Sollnormen* y *Sollsatze*.

Sin embargo, no para todos los enunciados del metalenguaje subsiste esta misma posibilidad de homonimia entre enunciados del lenguaje-objeto (*Sollnormen*) y enunciados del metalenguaje (*Sollsätze*).

Por ejemplo, no hay homonimia entre el enunciado metalingüístico que afirma una relación de antinomia entre dos enunciados del lenguaje-objeto y los dos enunciados antinómicos. (El enunciado metalingüístico: "El enunciado 'La asistencia es obligatoria' está en antinomia con el enunciado 'La asistencia es facultativa'" no es homónimo, evidentemente, ni del enunciado 'La asistencia es obligatoria', ni del enunciado 'La asistencia es facultativa', ni del enunciado 'La asistencia es tanto obligatoria como facultativa'.)

Análogamente, un enunciado metalingüístico (en términos de 'válido') que afirma la validez de un enunciado deóntico del lenguaje- objeto no es homónimo del enunciado deóntico del que se predica la validez.

El enunciado metalingüístico "El enunciado 'La asistencia es obligatoria' es válido" no es homónimo, evidentemente, del enunciado deóntico del lenguaje-objeto 'La asistencia es obligatoria'.

30 'Metalenguaje' (*metalanguage, metalangage, Metasprache, metajezyk, metalinguaggio*) es un término que parece remontarse a Alfred Tarski (quien sin embargo atribuye la intuición del concepto de metalenguaje al lógico polaco Stanislaw Lesniewski.)

Incluso admitiendo que el derecho sea un lenguaje (en concreto, el lenguaje-objeto del metalenguaje que es la ciencia jurídica), no hay correspondencia biunívoca (*one-to-one correspondence*) entre el conjunto de los enunciados del lenguaje-objeto y el conjunto de los enunciados del metalenguaje.

1.2.2.3. En deóntica y en filosofía del lenguaje normativo, la validez deóntica de normas concebidas como *entidades lingüísticas* se predica tanto de *enunciados* deónticos como de *proposiciones* deónticas y de *enunciaciones* deónticas.

En primer lugar, la validez deóntica es predicada de enunciados ("*sentences of law*") por Felix E. Oppenheim.[31]

En segundo lugar, la validez deóntica ("como pertenencia al sistema") es predicada de proposiciones ("proposiciones normativas", "*proposizione normative*") por Uberto Scarpelli.[32]

En tercer lugar, la validez deóntica es predicada de enunciaciones ("acto enunciativo de una frase normativa") por Tvanhoe Tebaldeschi.

Escribe Tebaldeschi: "De la norma como acto enunciativo se puede predicar el *status* de validez (entendida como "validez normativa" o "validez jurídica", la cual no debe confundirse con la "validez lógica").[33]

La posibilidad de predicar la validez tanto de *enunciados* como de *enunciaciones* no subsiste para el predicado de la justicia (*justice, justice, Gerechtigkeit, giustizia*) ni para el predicado de la eficacia (*efficacy, efficacité, Wirksamkeit, efficacia*). Ello es así a pesar de que entre los predicados de la justicia y de la eficacia y el predicado de la validez (*validity, validité, Gültigkeit, validità*) se considera que existe homogeneidad.

De hecho, parece semánticamente impropio predicar la justicia de enunciados (es decir, calificar los enunciados deónticos como justos e injustos), y, paralelamente, parece semánticamente impropio hablar de eficacia de los enunciados deónticos (es decir, calificar los enunciados deónticos como eficaces e ineficaces).

Existe otra asimetría entre validez, justicia y eficacia:

La justicia también se predica de agentes (por ejemplo: "un hombre justo"), mientras que la validez y la eficacia no parecen predicarse propiamente de agentes.

Surge así una importante disparidad de comportamiento entre los tres predicados considerados homogéneos: validez, justicia y eficacia.

Desde un primer punto de vista, la eficacia se comporta como la justicia y de modo diferente a la validez (en tanto que la eficacia y la justicia, a diferencia de la validez, no se predican de enunciados); por el contrario, desde un segundo punto de vista, la eficacia se comporta como la validez y de forma diferente a la justicia: mientras que la validez y la eficacia se predican de normas (al menos en algunos sentidos del término), pero no de agentes, la justicia no sólo se predica de normas, sino también de agentes.

31 Cfr. Felix Oppenheim, *Outline of A Logicai Analysis of Law*, 1944, p. 153.

32 Cfr. Uberto Scarpelli, *Filosofia analitica e giurisprudenza*, 1953, p. 69.

33 Ivanhoe Tebaldeschi, *Validità normativa e logica giuridica*, 1976, p. 65.

2. SEGUNDO PARADIGMA: LINGUISTICIDAD DEL DERECHO VS. LINGUISTICIDAD DE LA NORMA

El segundo de los tres paradigmas para la elaboración de una teoría de las relaciones entre derecho y lenguaje es el paradigma: lingüisticidad del derecho vs. lingüisticidad de la norma.

2.1. *LINGÜISTICIDAD DEL DERECHO*

Afirmar que el derecho es un fenómeno lingüístico y afirmar que la norma es un fenómeno lingüístico son dos tesis distintas, no equivalentes, y que sólo contingentemente coinciden en algunos autores.

En primer lugar, es banalmente falso que las dos tesis sean equivalentes porque el derecho no está ni necesariamente ni universalmente caracterizado como conjunto de normas.

En segundo lugar, las dos tesis no son equivalentes porque se inscriben en diferentes universos de discurso: la tesis de la lingüisticidad del derecho es, como se ha visto, una tesis en última instancia *epistemológica* (de epistemología de la ciencia jurídica), mientras que la tesis de la lingüisticidad de la norma es una tesis *ontológica* (una tesis de ontología de lo deóntico).

La tesis de la lingüisticidad del derecho es, como ya he dicho, el corolario de una concepción epistemológica (Oppenheim, Bobbio, Scarpelli) que ve los enunciados legislativos como los "protocolos" (los "*Protokollsätze*") de la experiencia jurídica. Esta tesis constituye en cierto modo la consecuencia más radical de la epistemología neopositivista del Círculo de Viena (*Wiener Kreis*) en el ámbito de las ciencias sociales.

Pero esta epistemología no está necesariamente presupuesta por la teoría de la lingüisticidad de las normas, la tesis de ontología de lo deóntico según la cual los *status* deónticos como las obligaciones, los derechos, las prohibiciones, los permisos, etc. son el producto (en el léxico del filósofo Kazimierz Twardowski: *wytwór*) de actos de lenguaje (*Speech acts*).

A la teoría de la lingüisticidad del derecho he dedicado ya el epígrafe 2.1., mientras que a la teoría de la lingüisticidad de la norma dedicaré el epígrafe 2.2..

2.2. *LINGÜISTICIDAD DE LA NORMA*

La teoría de la lingüisticidad de la norma, según la cual los *status* deónticos son el producto (*wytwór*, en el léxico del filósofo polaco Kazimierz Twardowski) de actos lingüísticos (*speech acts*), está documentada en el lógico y filósofo finlandés Georg Henrik von Wright [1916], fundador de la lógica deóntica (*deontic logic*).

En *Norm and Action* (p. 94), Georg Henrik von Wright formula una sugerente cuestión sobre la relación entre normas (*norms*) y lenguaje (*language*).

Se cuestiona si todas las normas dependen del lenguaje: "Are all norms *language dependent?*".

Al menos para una especie de *norms*, concretamente para las prescripciones (*prescriptions*), von Wright responde afirmativamente. La enunciación performativa del legislador (la promulgación, *promulgation*) es condición necesaria (e incluso puede que suficiente) de existencia de la relación normativa (*'normative relationships'*).[34]

Una reciente reformulación de la tesis de la lingüisticidad de la norma es propuesta, en términos austinianos, por Tomasz Gizbert- Studnicki: "Using J. L. Austin's terminology it can be said that norms exist as *results* of locutionary acts. "[35]

3. TERCER PARADIGMA: NORMATIVIDAD DEL LENGUAJE VS. LENGUAJE DE LA NORMATIVIDAD

Los dos términos del tercer paradigma para la elaboración de una teoría de las relaciones entre derecho y lenguaje son: normatividad del lenguaje y lenguaje de la normatividad.

La teoría de la lingüisticidad de la norma responde, como se ha visto, a la cuestión: "¿Qué cosa es una norma?". En el léxico del lógico Georg Henrik von Wright, ésta es una cuestión de ontología de lo normativo (de *'ontology of norms'*):[36]

De la cuestión (ontológica): ¿qué cosa es una norma? se distingue la cuestión (semiótica): ¿cuándo es normativa una entidad lingüística (enunciado, proposición, enunciación,...)?

La *semiótica de lo normativo* estudia las entidades lingüísticas (enunciados, proposiciones, enunciaciones,...) que tienen el predicado 'normativo', el predicado de la normatividad.

3.1. NORMATIVIDAD DEL LENGUAJE

3.1.1. La cuestión de la normatividad del lenguaje debe resolverla el filósofo. Esta cuestión se escinde en otras *dos cuestiones* concretas:

Primera cuestión: ¿de qué especies de entidades lingüísticas se predica la normatividad? (¿de enunciados, de proposiciones o de enunciaciones?) En

34 G. H. von Wright, *Norm and Action*, 1963, p. 125. Sobre el concepto de *language-dependence* cfr. Mauro Barberis, *Regole e linguaggio*, 1990. En el contexto de una filosofía de la actividad nomothética, Angiola Filipponio (*Husserlian Themes in Gerhard Ledig's Deontics ofValidity*, 1995) ha distinguido los "actos buléticos *de formación*" de los "actos lingüísticos *de formulación*" de la norma

35 El ensayo de Tomasz Gizbert-Studnicki *The Non-Linguistic Concept of Norm and Ontology*, 1993 (véase p. 433), es un análisis crítico de la "nielingwistyczna koncepcja normy" ("concepción no-lingüística de la norma") defendida por Kazimierz Opalek y Jan Wolenski.

36 Cfr. Georg H. von Wright, *Deontic Logic and the Ontology of Norms*, 1968. Una posible respuesta alternativa a "¿qué cosa es una norma?" es que la norma no es una entidad lingüística, sino un hecho social (una *subsistente Norm* en Theodor Geiger, un *social State of affairs* conforme a la hipótesis de Alf Ross), o un estado de cosas normativo (*Sollenssachverhalt* en Adolf Reinach [1883-1917], *Rechtssachverhalt* en Gerhart Husserl [1893-1973], *Sollenssachverhalt* en Herbert Spiegelberg [1904-1990]), o un *status* deóntico (en Amedeo G. Conte).

otros términos: ¿a qué nivel semiótico (al nivel *sintáctico* de los enunciados, al nivel *semántico* de las proposiciones, al nivel *pragmático* de las enunciaciones) se sitúa la normatividad de estas entidades lingüísticas?

Segunda cuestión: ¿bajo qué condiciones se predica la normatividad de estas entidades lingüísticas? Por ejemplo: ¿bajo qué condiciones un *enunciado* es normativo? ¿Es condición necesaria y/o suficiente de normatividad de un enunciado que éste contenga un verbo deóntico ('deber', 'poder', *'ought', 'may', 'sollen', 'dürfen'*)?[37]

3.1.2. Ahora bien, ¿cuándo un lenguaje es *jurídico?* A esta cuestión está ligado el nacimiento de una disciplina, la *semiótica del lenguaje jurídico,* que estudia cuál es el nivel semiótico en el que se sitúa la *juridicidad.*

Para Jerzy Kalinowski, es en 1944, con la aparición del ensayo de Felix E. Oppenheim *Outline of A Logical Analysis of Law,* cuando nace la semiótica del lenguaje del derecho.

Como señala Kalinowski, Oppenheim no distingue el *lenguaje del derecho* del *lenguaje de los juristas.* Esta distinción se realizará en un ensayo cuatro años posterior: Bronislaw Wroblewski, *Jezyk prawny i jezyk prawniczy* (*Lenguaje del derecho y lenguaje de los juristas*), 1948. Sólo desde entonces la juridicidad del lenguaje del derecho se ha estudiado autónomamente respecto a la juridicidad del lenguaje de los juristas.[38]

3.2. LENGUAJE DE LA NORMATIVIDAD

3.2.1. Mientras que es al *filósofo del lenguaje* a quien corresponde estudiar la *normatividad del lenguaje* (las condiciones de normatividad de entidades lingüísticas), el estudio del *lenguaje de la normatividad* corresponde, *ratione materiae,* al *lingüista* o al *jurista.*

Cuando se analiza la normatividad del lenguaje normativo, se analiza (usando de nuevo el léxico de Ferdinand de Saussure) el lenguaje como sistema (como entidades de *langue*). Cuando se examina el lenguaje de la normatividad, el lenguaje no se concibe como sistema (es decir, como entidades de *langue*), sino como texto (es decir, como entidades de *parole*).

De esta segunda naturaleza es, por ejemplo, el clásico trabajo de Jean Ray sobre el *Code Napoleon: Essai sur la structure logique du code civil français,* 1926.

El análisis del lenguaje de la normatividad cumple una función cognoscitiva y teorética. Así, este tipo de análisis origina y fundamenta un arte o técnica a la que ya contribuyó el filósofo Jeremy Bentham (1748-1832): la *Nomography,*

37 Entre los autores que han tratado de responder de manera diferente a la primera cuestión (¿de qué especie de entidades lingüísticas se predica la normatividad?) y a la segunda cuestión (¿bajo qué condiciones se predica de estas entidades lingüísticas la normatividad?), quiero recordar al menos a cuatro: Uberto Scarpelli, *Contributo alla semantica del linguaggio normativo,* 1959; Giovanni Tarello, *Diritto, enunciati, usi,* 1974; Amedeo G. Conte, *Experimente mit der Fachsprache der Deontik,* 1975; y Georges Kalinowski, *Le problème de la vérité en morale et en droit,* 1967.

38 Sobre Bronislaw Wroblewski, cfr. Zygmunt Ziembinski, *Le langage du droit et le langage juridique. Les critères de leur discernement,* 1974.

or the Art of Inditing Laws (la *nomografía,* la técnica de redacción de las leyes).

Escribe Bentham:

> "El término 'nomografía' será empleado para distinguir la parte de la técnica de la legislación que concierne a la *forma* que la *materia* de un *corpus* normativo tiene o debe tener: la forma como algo distinto de la materia. "[39]

3.2.2. El análisis de la pragmática y la semántica del verbo modal alemán *'sollen',* el verbo-clave del lenguaje de la normatividad, llevado a cabo por el fenomenólogo alemán Herbert Spiegelberg, constituye una excepcional contribución teórica al estudio del *lenguaje de la normatividad.*[40]

Aunque *'sollen'* es el verbo deóntico por antonomasia, sin embargo, para Spiegelberg,

(i) no todos los enunciados en términos de *'sollen'* tienen un *sentido* deóntico (es decir, no todos prescriben comportamientos);

(ii) hay enunciados en términos de *'sollen'* con *una función* thética, es decir, que son théticamente constitutivos de estados de cosas.[41]

Por ejemplo, en el enunciado

(1) "Buchstabe 'S' *soll* das Satzsubjekt bedeuten"

> "La letra 'S' designa el sujeto"

la forma verbal *'soll'* cumple la función de constituir (*zum Bestehen bringen*) un estado de cosas:

> "*'soll'* hat die Funktion, einen Sachverhalt als möglichen zum Bestehen zu bringen".

[En español, como en italiano, el verbo *'sollen'* debe omitirse en la traducción.]

(*Traducción castellana de Carlos Alarcón Cabrera*)

39 Sobre la filosofía del lenguaje normativo de Jeremy Bentham, cfr. Uberto Scarpelli, *Il linguaggio giuridico: un ideale illuministico,* 1995.

40 La contribución de Herbert Spiegelberg a la pragmática del lenguaje deóntico consiste en una importante (pero poco conocida) trilogía deóntica: *Gesetz und Sittengesetz,* 1935; *Antirelativismus,* 1935; *Sollen und Dürfen,* 1937.

41 'Sentido' es una noción semántica; 'función' es una noción pragmática. El adjetivo 'thético' (del léxico filosófico de Amedeo G. Conte) deriva de la palabra griega *thesis,* que significa posición.

Un fenómeno análogo al de la función thética del verbo modal *'sollen'* es estudiado por Spiegelberg en el caso de otras tres formas lingüísticas primariamente (*prima facie*) deónticas: (i) el verbo modal inglés *'shall';* (ii) el *futuro imperativo* del latín; (iii) el *subjuntivo* del latín.

TRES CUESTIONES SOBRE LA PERFORMATIVIDAD

Andrea Rossetti

"Egiaren mugak deskriptiboa
den eremua gainditzen du"
"El límite de la verdad trasciende
el ámbito de lo descriptivo"
Aurrekontetxea

1. Tres momentos de la teoria de la performatividad en Gardies

El tema del presente epígrafe 1. es la teoría de la performatividad en Jean-Louis Gardies desde el punto de vista diacrónico. Examinaré los tres escritos principales en los que Gardies ha analizado el problema: *Esquisse d'une grammaire pure,* 1975 (en particular el capítulo VI, *Les modes*); *L'erreur de Hume,* 1987 (en particular el capítulo IV, *Actes psychosociaux et faits institutionnels*); *Peut-on parler de vérité et de fausseté pour les propositions performatives?,* 1992. Hablaré de ellos, respectivamente, en los epígrafes 1.1., 1.2., 1.3.

1.1. *Primer momento: la performatividad en* Esquisse d'une grammaire pure

En *Esquisse d'une grammaire pure* Gardies habla de lo que el llama "modo performativo" (*mode performatif*). El performativo, tal como lo definió John Langshaw Austin, "es una categoría que reagrupa, sin distinciones, múltiples modos que sólo tienen en común el hecho de ser esencialmente diferentes del indicativo. "[1].

El término 'modo' (francés *'mode'*, inglés *'mood'*) lo utiliza Gardies en un sentido que, a pesar de su apariencia, no coincide con el de los gramáticos: un "modo auténtico" tiene una forma gramatical y un uso pragmático propio. Gardies enumera una serie de modos heterogéneos (indicativo, imperativo, pregativo, exhortativo, consultivo, invitativo, concesivo, interrogativo, dubitativo, optativo, vocativo) y su "función primaria" (es decir, su principal función pragmática). El indicativo (*indicatif*) es el modo de la afirmación; el imperativo (*impératif*) es el modo del mandato; el pregativo (*précatif*) es el modo de la petición; el exhortativo (*hortatif*) es el modo de la exhortación; el consultivo (*consultatif*) es el modo del consejo; el invitativo (*invitatif*) es el modo de la invitación; el concesivo (*concessif*) es el modo de la concesión; el

1 Jean-Louis Gardies, *Esquisse d'une grammaire pure,* 1975, p. 160, nota 10: "El performativo, tal como es definido por Austin, es, para nosotros, una categoría que agrupa, sin distinguirlos, toda una serie de modos que tienen sólo en común que son esencialmente diferentes del indicativo".

interrogativo (*interrogatif*) es el modo de la pregunta; el dubitativo (*dubitatif*) es el modo de la duda; el optativo (*optatif*) es el modo del deseo; el vocativo (*vocatif*) es el modo del apóstrofe[2].

De esta larga lista se desprende que en la *grammaire pure* de Gardies no encuentran sitio los modos tradicionales que no tienen una función pragmática específica (por ejemplo, el condicional, el participio, el subjuntivo). Por el contrario, en la *grammaire pure* de Gardies se incluyen tanto los modos gramaticales tradicionales que tienen una función pragmática específica (como el indicativo y el imperativo) como los actos lingüísticos que no tienen una expresión gramatical característica. Por consiguiente, el concepto de 'modo' pertenece, en Gardies, a la pragmática, no a la morfología (pertenece a la teoría de la fuerza, no a la teoría de la forma).

1.2. Segundo momento: La performatividad en *L'erreur de Hume*

La segunda obra de las tres que tomo en consideración es *L'erreur de Hume,* 1987. En este libro las definiciones de performatividad que se habían dado en *Esquisse d'une grammaire pure* se retoman y corrigen. En *Esquisse d'une grammaire pure,* reconoce Gardies, había un error: haber considerado "el performativo como un tipo de modo autónomo, independiente del imperativo, del pregativo, del consultivo etc., así como del indicativo. "[3].

El performativo no es un modo (ni un modo en sentido morfológico, ni un modo en el sentido pragmático de Gardies), sino el medio para realizar actos lingüísticos diferentes de la afirmación sin dejar de utilizar el indicativo:

> "Le performatif n'est-il pas un mode, mais le moyen d'obtenir un équivalent de n'importe quel mode sans sortir de l'indicatif. "[4].

> "El performativo no es un modo, sino el medio para obtener todos los modos sin salir del indicativo. "

Según Gardies, cada uno de los modos auténticos que él distingue se corresponde con un acto psicosocial (*acte psychosocial*) diferente. El concepto de acto psicosocial procede del concepto de acto social (*sozialer Akt*) del

2 A propósito de la enumeración de los modos, Gardies escribe: "La enumeración sugiere bastante claramente que lo que nosotros entendemos por 'modo' es a la vez más amplio y más restringido que la acepción consagrada por el uso de los gramáticos: ni el condicional, ni el participio, ni el infinitivo son modos en el sentido en que nosotros usamos este término; por el contrario, muchos modos auténticos o no son reconocidos como tales (como el vocativo), o no tienen una expresión gramatical autónoma" (*L'erreur de Hume,* 1987, pp. 67-68).

3 Jean-Louis Gardies, *L'erreur de Hume,* 1987, p. 71, nota 7: "Nous avons eu le tort de vouloir ériger le performatif en une sorte de mode autonome, indépendent aussi bien de l'impératif, du précatif, du consultif, etc., que l'indicatif'.

4 Además del performativo, hay otro medio a disposición de quien habla para remediar la carencia de modos originarios, aunque de menor interés según Gardies: "El locutor puede paliar la inexistencia del modo originario recurriendo a modos más o menos cercanos, por ejemplo sustituyendo la forma pregativa de la petición por la forma imperativa ("Dame, por favor...") o por la interrogativa ("¿Podrías darme...?"), siempre que el contexto permita eliminar cualquier ambigüedad sobre la verdadera naturaleza del acto".

fenomenólogo alemán Adolf Reinach.

1.3. *Tercer momento: la performatividad en* Peut-on parler de vérité et de fausseté pour les propositions performatives?

En el tercer y último de los tres ensayos que tomo en consideración, *Peut-on parler de vérité et de fausseté pour les propositions performatives?*, 1992, Gardies se ocupa de manera sistemática del problema de los performativos. En este ensayo aparece por primera vez el sintagma 'proposición performativa' (*'proposition performative'*), un sintagma poco usado. (En este tipo de estudios el léxico no está estandarizado: un caso clamoroso es el de las sorprendentes oscilaciones lexicales en *The Blue and Brown Book* de Ludwig Wittgenstein, en el que (como destaca Amedeo G. Conte) se alternan libremente los términos *'proposition', 'sentence', 'phrase'*.

El uso del sintagma *'proposition performative'* por parte de Gardies se justifica por el hecho de que en este ensayo Gardies se propone estudiar las relaciones entre verdad y performatividad, y la entidad semiótica primaria de la que se predica la verdad es la proposición (y no el enunciado, ni la enunciación). Ya que el propio Gardies habla de proposiciones performativas, yo usaré también este término.

Las proposiciones performativas se configuran como el medio para realizar actos lingüísticos a los que no le corresponde una determinada categoría morfológica. Sólo en algunos casos a un acto lingüístico le corresponde un modo verbal. Por ejemplo, el indicativo es, para Gardies, el modo verbal a través del cual se efectúa el acto lingüístico de la afirmación. El imperativo es el modo a través del cual se efectúa el acto lingüístico del mandato. El imperativo y el indicativo son los "modos primarios" en los que se efectúan normalmente estos actos del lenguaje de la afirmación y del mandato. Pero, por ejemplo, no hay ningún "modo primario" para expresar la promesa, al menos en las lenguas occidentales. Esta tesis no es universalmente válida: el coreano tiene un "modo primario" para realizar el acto de la promesa. La existencia de un modo promisorio es puesta de manifiesto por G. J. Ramstedt en *A Korean Grammar,* 1979:

> "From the verbal noun in *m* with a vocative interjection a has been obtained [...] form in *ma* which expresses a promise on the part of the speaker himself: *kama* 'I promise to go'."[5]

> "Del nombre verbal en *m* con una interjección vocativa a se obtiene una forma en *ma* [...] que expresa una promesa por parte de quien habla. Ejemplo: *kama* 'Prometo ir'."

Por tanto, no todos los actos lingüísticos tienen, en una determinada lengua, un modo verbal correlativo. En otras palabras, dentro de una lengua no hay correspondencia biunívoca entre el conjunto de los modos verbales y el conjunto de los actos lingüísticos. Los actos lingüísticos a los que no les corresponde un modo gramatical pueden ser realizados usando proposiciones performativas con el verbo en indicativo. Es más, para Gardies sólo son proposiciones performativas aquéllas en las que se nombra el acto

5 G. J. Ramstedt, *A Korean Grammar,* 1979, pp. 84-85.

lingüístico que se realiza[6]. De esta forma, la performatividad no es más que una característica sintáctica de algunas proposiciones, en correspondencia con la función pragmática que se nombra.

2. TRES CARACTERIZACIONES DE LOS PERFORMATTVOS

En resumen, he encontrado en la obra de Gardies tres caracterizaciones diferentes (aunque no incompatibles) de los performativos:

una pragmática, una semántica y una sintáctica.

(i) Caracterización *pragmática:* Todo performativo es también una afirmación.

(ii) Caracterización *semántica:* Los performativos son proposiciones.

(iii) Caracterización *sintáctica:* Sólo se puede hablar de performativos como tales si en ellos se nombra el acto que se realiza a través de su enunciación.

3. TRES TESIS SOBRE LOS PERFORMATIVOS

3.1. Propongo una reconstrucción de la semántica de los performativos de Gardies distinguiendo tres tesis, las cuales, en realidad, no son enumeradas ni conjuntamente ni separadamente por Gardies:

(i) la primera tesis hace referencia a la *verdad* de las proposiciones performativas: Los performativos son verdaderos o falsos;

(ii) la segunda tesis hace referencia a la *verificabilidad* de las proposiciones performativas: Sólo algunos performativos son esencialmente verdaderos;

(iii) la tercera tesis hace referencia a la *vero-funcionalidad* de las proposiciones performativas: Algunos performativos son susceptibles de tratamiento vero-funcional.

3.2. *Aclaro las tres tesis:*

(i) La *primera tesis* hace referencia a la *verdad* de los performativos. No todos los enunciados pueden ser verdaderos o falsos (apofánticos). Por ejemplo, el enunciado erotético '¿Me pasas aquel libro?' no es apofántico.

Por lo que concierne a la verdad de los performativos, Gardies recurre a la distinción entre *enunciado y enunciación.* El carácter apofántico que Gardies adscribe a los performativos no concierne a la *enunciación* performativa, sino a los *enunciados* que se emiten en las enunciaciones performativas. Que un enunciado performativo sea verdadero o falso depende entonces de su enunciación, pero, al menos en algunos casos, no está sólo en función de su enunciación.

---

6 Escribe Gardies: "No incluimos entre las proposiciones performativas las expresiones lingüísticas en el modo primario".

Esta tesis es similar a la sostenida por Alf Ross en *The Rise and Fall of the Doctrine of Performatives,* 1972, p. 206: "La verdadera peculiaridad lógica de las enunciaciones que J. L. Austin define como *performativas* reside en que nosotros usamos un peculiar dispositivo (*device*) lingüístico para indicar la función de una locución. Este dispositivo consiste en el uso de un verbo que indica la función del acto lingüístico. La peculiaridad no se concreta en el significado o en la función de la enunciación, sino exclusivamente en el dispositivo lingüístico usado para indicar la función".

(ii) La *segunda tesis* hace referencia a la *verificabilidad* de los performativos. La verificabilidad es la existencia de un proceso tras el cual puede decirse que un enunciado es verdadero o falso. Por ejemplo, el enunciado 'Todos tenemos un alma' es seguro verdadero o falso, pero no es verificable. Un enunciado puede ser apofántico sin ser verificable. En otros términos, la apofanticidad no implica ni presupone la verificabilidad.

La verificación de un performativo se escinde en dos:

(ii. i) verificación de la existencia de la enunciación;

(ii. ii) verificación de la existencia del *thetón*[7] (del *positum*), de lo que es puesto a través del acto lingüístico.

La primera verificación, según Gardies, concierne al enunciado 'En el momento *t*, el agente *a* ha dicho *p*'. La segunda verificación concierne al enunciado 'El agente *a* ha puesto *q*'. La verificabilidad del primero de los enunciados está fenomenológicamente ligada a la verificación del segundo de los enunciados.

(iii) La *tercera tesis* hace referencia a la *vero-funcionalidad* de los performativos. La vero-funcionalidad es la posibilidad de determinar la verdad de un enunciado a partir de la verdad de los enunciados que lo componen. Vero-funcional no sería "p", sino, por ejemplo, "p & q".

(*Traducción castellana de Carlos Alarcón Cabrera*)

7 El término *'thetón'* (de *'títhemi'*) me lo ha sugerido Amedeo G. Conte, y está construido como *'lektón'* (de *'légo'*).

FENOMENOLOGIA DEL DEBER ANANKASTICO

Giuseppe Lorini

"War nicht das Auge sonnenhaft,
die Sonne könnt es nie erblicken"
"Si el ojo no fuese solar,
no podría nunca mirar al sol"
Johann Wolfgang Goethe

1. DEONTICA DEL DEBER ANANKASTICO

1.1. *DEBER DEÓNTICO VS. DEBER ANANKÁSTICO*

En los últimos años, se ha tematizado y problematizado un concepto de deber hasta entonces latente en la filosofía de lo normativo: el concepto de *deber anankástico*[1].

La elaboración, en deóntica, del concepto de deber anankástico es filosóficamente significativa porque el deber anankástico es un deber no deóntico.

El concepto de deber anankástico se distingue del concepto de *deber deóntico*

---

1 El término 'anankástico' deriva del griego αναγχη ["necesidad"]. Su forma griega aparece ya en los albores de la filosofía en Platón (*Leges*, XI, 930 b) y en Aristóteles (*Ethica nicomachea*, 1180 a 21), quienes emplean el adjetivo αναγχηαστιχοζ en relación con el sustantivo νομοζ.

El término *'anancastic'* (con 'c') lo introduce en el léxico de la filosofía moderna Charles Sanders Peirce [1839-1914], *'Anancastic'*, *'anancasm'*, *'anancasticism'* son términos empleados por Peirce en la obra *Evolutionary Love*, 1893.

Sin embargo, es Georg Henrik von Wright quien introduce el término *'anankastic'* en el léxico de la deóntica. Principalmente, von Wright combina el adjetivo *'anankastic'* con el término *'statement'* en el sintagma *'anankastic statement'* para designar "a statement to the effect that something is (or is not) a *necessary condition* of something" (*Norm and Action*, 1963, p. 10). Otras veces, *'anankastic'* aparece en combinación con el sustantivo *'sentence'* ['enunciado'] (*Norm and Action*, 1963, y *The Varieties of Goodness*, 1963), con el sustantivo *'proposition'* ['proposición'] (*Norm and Action*, 1963), con el sustantivo *'relationship'* [relación] (*Norm and Action*, 1963) y con el sustantivo *'verb'* ['verbo'] (*The Varieties of Goodness*, 1963).

Finalmente, debe recordarse que, en von Wright, el término *'anankastic'* aparece también con otro sentido (concretamente, como sinónimo de *'alethic'*) en combinación con el término *'modality'* en el sintagma *'anankastic modalities'* (*Deontic Logic and the General Theory of Conditions*, 1968).

(el primer y principal deber de la *deóntica* y de la *lógica deóntica*)[2].

Amedeo G. Conte ha destacado el carácter específico (y paradójico) del deber anankástico[3]. Según Conte, las reglas anankástico-constitutivas y las reglas anankásticas son ejemplos de normas en las que está presente el deber anankástico[4].

1.2. Reglas anankástico-constitutivas

Un ejemplo de regla anankástico-constitutiva es la regla que prescribe firmar el testamento ológrafo.

El neologismo *'regola anankastico-costitutiva'* aparece por primera vez en Amedeo G. Conte en la obra *Materiali per una tipologia delle regole,* 1985.

Las caracterizaciones del concepto de regla anankástico-constitutiva presentes en la deóntica de Amedeo G. Conte son dos: una caracterización *ontológica* y una caracterización *semántica.*

(i) Según la caracterización *ontológica,* las reglas anankástico-constitutivas son "reglas que ponen una condición necesaria (αναγχη = necesidad), *una conditio sine qua non,* de aquello sobre lo que versan"[5]. (En mi ejemplo, la regla anankástico-constitutiva pone una condición necesaria para que un acto tenga valor de testamento ológrafo válido.)

(ii) Según la caracterización *semántica,* las reglas anankástico-constitutivas son reglas que determinan la *extensión* de los términos que designan las entidades de las que son regla. (En mi ejemplo, la regla anankástico-constitutiva que prescribe la firma del testamento ológrafo determina la extensión del sintagma 'testamento ológrafo válido'.)

---

2 En deóntica, además de hablarse de *deber deóntico* y de *deber anankástico* se ha hablado también de *deber eidético* para designar el deber de las *reglas eidético-constitutivas.*

En otro sentido, se ha hablado de *deber eidético* para el concepto normativo de deber que está presente en enunciados del tipo 'Una pluma estilográfica no *debe* manchar'.

En el primer sentido de 'deber eidético', el deber eidético *precede* al concepto (es un *prius* del concepto); por el contrario, *en el segundo sentido* de 'deber eidético', el deber eidético no precede, sino que *sigue* al concepto (no es un *prius,* sino un *posterius* del concepto).

Existe un cuarto concepto de deber diferente del deber deóntico, del deber anankástico y del deber eidético: el *deber thético.* Como me indica Paolo Di Lucia, del deber thético habla Herbert Spiegelberg, quien llama al deber thético *"logisches Sollen".* Como escribe Luigi A. de Caro, *Strutture normative in Gerhard Leclig,* 1993, p. 179, el deber thético es también llamado por Spiegelberg *Festsetzungssollen;* es decir, *Sollen* de una *Festsetzung.*

3 Amedeo G. Conte, *Costitutività di regole,* 1989.

4 Sobre la fecundidad del concepto de *regla anankástica,* cfr. Amedeo G. Conte, *Materiali per una tipologia delle regole,* 1985, p. 357: "el concepto de regla anankástica es un instrumento para el análisis de uno de los conceptos más oscuros de la deóntica: regla técnica".

5 Amedeo G. Conte, *Materiali per una tipologia delle regole,* 1985, p. 360.

1.3. PREFIGURACIÓN DEL CONCEPTO DE DEBER ANANKÁSTICO

El concepto de deber anankástico es obviamente anterior a su teoría.

He hallado prefiguraciones de él en dos contextos: en el contexto de la *teoría del deber* y en el contexto de la *teoría de la necesidad.*

1.3.1. El *primero* de los dos contextos en el que está prefigurado el concepto de deber anankástico es la *teoría del deber.*

En el ámbito de la *teoría del deber* (y de la tipología de los deberes normativos), los términos que designan el concepto de deber anankástico (o conceptos afines a él) son múltiples.

De ellos enumero rapsódicamente 22, en orden cronológico: *'technisches Sollen'* (Fred Bon: 1898)[6], *'dovere finale'* (Giovanni Brunetti: 1913), *'dovere giuridico finale'* (Giovanni Brunetti: 1913), *'dovere libero'* (Giovanni Brunetti: 1913), *'Müssen'* (Leonard Nelson: 1917), *'bedingtes Müssen'* (Rudolf Laun: 1927), *'hypothetical ought'* (John Rogers Searle: 1964), *'"ought" of a technical rule'* (Georg Henrik von Wright: 1965), *'instrumental ought'* (Kazimierz Opalek y Jerzy Wróblewski: 1968), *'ought of hypothetical value judgements'* (Robert V. Hannaford: 1972), *'powinnosc wyznaczana przez dyrektywe techniczna'* (Zygmunt Ziembinski: 1973), *'hypothetical imperative "ought"'* (John Leslie Mackie: 1977), *'technical Ought'* (Georg Henrik von Wright: 1983), *'anankastic must'* (Georg Henrik von Wright: 1983), *'dovere-Sollen tecnico'* (Georg Henrik von Wright: 1983), *'dovere-Müssen tecnico'* (Georg Henrik von Wright: 1983), 'tener que' (Gregorio Robles: 1984)[7], *'Muß einer praktischen Notwendigkeit'* (Georg Henrik von Wright: 1985), *'ought of a "practical necessity"'* (Georg Henrik von Wright: 1985), *'dovere anankastico'* (Amedeo G. Conte: 1989); *'chreontic ought'* (Amedeo G. Conte: 1991)[8].

---

6 Con otro sentido, el término *'technisches Sollen'* aparece también en Herbert Spiegelberg, *Sollen und Dürfen,* 1989, p. 92.

En Spiegelberg, *'technisches Sollen'* no designa el deber anankástico, sino el *abgeleitetes Sollen;* es decir, el deber derivado (de otro deber) en tanto que "Mittel für ein anderes ideales Sollen".

Spiegelberg distingue además el *technisches Sollen* del *hypothetisches Sollen:* "La coincidencia entre *technisches Sollen* e *hypothetisches Sollen,* aceptada a partir de Kant, no está totalmente justificada".

El *technische Sollen* no es necesariamente un deber condicionado. Por ejemplo, según Spiegelberg: "Las prescripciones [*Forderungen*] de la higiene son técnicas, pero incondicionadas"

7 Robles sustantiva el sintagma verbal 'tener que'. Para García Máynez (1959), 'tener que', que expresa el *deber anankástico,* se contrapone a 'deber', que expresa el *deber deóntico.*

8 Cfr. Fred Bon, *Uber das Sollen und das Gute,* 1898; Giovanni Brunetti, *Norme e regole finali nel diritto,* 1913; Leonard Nelson, *Kritik der praktischen Vernunft,* 1917; Rudof Laun, *Recht und Sittlichkeit,* 1927; John Rogers Searle, *How to Derive "Ought" from "Is",* 1964; Georg Henrik von Wright, *The Foundation of Norms and Normative Statements,* 1965; Kazimierz Opalek / Jerzy Wróblewski, *Axiology: Dilemma between Legal Positivism and Natural Law,* 1968; Robert V. Hannaford, *You Ought to Derive "Ought" from "Is",* 1971; Zygmunt Ziembinski, *Logika praktyczna,* 1973; John Leslie Mackie, *Ethics. Inventing Right and Wrong,* 1977; Georg Henrik von Wright, *Norms, Truth and Logic,* 1983; Georg Henrik von Wright, *Practical Reason,* 1983; Georg Henrik von Wright, *Proposizioni normative condizionali,* 1983; Gregorio

Resulta superfluo decir que estos 22 términos no son ni sinónimos entre sí, ni sinónimos de 'deber anankástico'. Y en todos los casos la invención de los términos no tiene como finalidad la fundación de una teoría del deber anankástico.

Como muestra mi enumeración, los rasgos preferentemente evidenciados por estos 22 términos son dos: el rasgo de la *tecnicidad* y el rasgo de la *hipoteticidad.*

El rasgo de la *tecnicidad* se evidencia en seis de los 22 términos: *'technisches Sollen'* (Fred Bon), *'"ought" of a technical rule'* (Georg Henrik von Wright), *'powinnosc wyznaczana przez dyrektywe techniczna'* (Zygmunt Ziembinski), *'dovere-Sollen tecnico'* (Georg Henrik von Wright), *'dovere-Müssen tecnico'* (Georg Henrik von Wright), *'technical Ought'* (Georg Henrik von Wright).

El rasgo de la *hipoteticidad* se evidencia en cinco de los 22 términos: *'bedingtes Müssen'* (Rudof Laun), *'hypothetical ought'* (John Rogers Searle), *'ought of hypothetical value jugements'* (Robert V. Hannaford), *'hypothetical imperative'* (Georg Henrik von Wright).

Sorprendentemente, en las designaciones inglesas del deber anankástico predomina con diferencia el término (eminentemente deóntico) *'ought'* sobre el término *'must'*.

En particular, *'ought'* aparece en ocho de los nueve nombres ingleses del deber anankástico: *'hypothetical ought'* (John Rogers Searle), *'instrumental ought'* (Kazimierz Opalek y Jerzy Wróblewski), *'"ought" of a technical rule'* (Georg Henrik von Wright), *'ought of hypothetical value judgements'* (Robert V. Hannaford), *'hypothetical imperative "ought"'* (John Leslie Mackie), *'technical Ought'* (Georg Henrik von Wright), *'ought of a hypothetical imperative'* (Georg Henrik von Wright), *'ought of a "practical necessity"'* (Georg Henrik von Wright); mientras que *'must'* aparece sólo en el término de von Wright *'anankastic must'*[9].

1.3.2. El *segundo* de los dos contextos en el que está prefigurado el concepto de deber anankástico es la *teoría de la necesidad*

En el ámbito de la *teoría de la necesidad,* los términos que designan el concepto de deber anankástico (o conceptos afines a él) son múltiples.

De ellos enumero rapsódicamente 14, en orden cronológico: αναγχαιου

Robles, *Las reglas del derecho y las reglas de los juegos,* 1984; Georg Henrik von Wright, *Bedingungsnormen. Ein Prüfstein für die Normenlogik,* 1984; Georg Henrik von Wright, *Is and Ought,* 1985; Amedeo G. Conte, *Costitutività di regole,* 1989.

Recuerdo además que un concepto afín al concepto de deber anankástico está presente también en Lodovico Ambrosoli (*Giurisprudenza filosofica,* 1846), un filósofo pavés recientemente descubierto por Luigi A. de Caro (a quien se debe también el descubrimiento del lógico deóntico *ante litteram* Gerhard Ledig, autor de *Zur Logik des Sollens,* 1931).

En *Giurisprudenza filosofica,* Lodovico Ambrosoli distingue tres tipos de deber: el *deber natural* (la "necesidad física"), el *deber moral* y un tercer tipo de deber (al que Ambrosoli no le da ningún nombre), que podría interpretarse como el *deber anankástico de las reglas técnicas.*

9 Sobre el uso de los correlativos alemanes de *'ought' y 'must': 'sollen' y 'müssen'*, cfr. Iwan Heilbut, *'Müssen' und 'Sollen' in der deutschen Civil Prozeßordnung,* 1886.

υπθεσεωζ (Aristóteles), *'nécessitas condicionata'* (Tomás de Aquino: 1256-1259), *'necessitas finis'* (Tomás de Aquino: 1265-1273), *'necessary ex suppositione'* (John Locke: 1660), *'praktische Notwendigkeit'* (Immanuel Kant: 1785), *'nécessité transcendente des impératifs hypothétiques'* (Edmond Goblot: 1901), *'necessità finale'* (Giovanni Brunetti: 1913), *'necessità teleologica'* (Giovanni Brunetti: 1913), *'konieczność teleologiczna'* (Jerzy Sztykgold: 1936), 'necesidad condicionada' (Eduardo García Mayncz: 1959), *'practical necessity'* (Georg Henrik von Wright: 1963), *'nécessité pragmatique'* (Simone Goyard-Fabre: 1972), *'nécessité technique'* (Simone Goyard-Fabre: 1972), *'necessità anankastica'* (Amedeo G. Conte: 1992)[10].

Los rasgos preferentemente evidenciados por estos 14 términos son dos: el rasgo de la *hipoteticidad y* el rasgo de la *teleologicidad.*

El rasgo de la *hipoteticidad* se evidencia en cuatro de los 14 términos: αναγχαιου υπθεσεωζ (Aristóteles), *'nécessitas condicionata'* (Tomás de Aquino), *'nécessité transcendente des impératifs hypothétiques'* (Edmond Goblot), 'necesidad condicionada' (Eduardo García Máynez).

El rasgo de la *teleologicidad* se evidencia en cuatro de los 14 términos: *'necessitas finis'* (Tomás de Aquino), *'necessità finale'* (Giovanni Brunetti), *'necessità teleologica'* (Giovanni Brunetti), *'konieczność teleologiczna'* (Jerzy Sztykgold).

Por el contrario, por lo que se refiere al rasgo de la *tecnicidad,* se evidencia sólo en uno de los 14 términos: *'nécessité technique'* (Simone Goyard-Fabre).

Lo dicho respecto a los términos afines a 'deber anankástico' vale también para los términos afines a 'necesidad anankástica'. Estos términos no son ni sinónimos entre sí, ni sinónimos de 'necesidad anankástica'. Y en todos los casos la invención de los términos no tiene como finalidad la fundación de una teoría de la necesidad anankástica.

1.3.3. El concepto de deber anankástico es fecundo tanto para la *teoría de la coherencia normativa* como para la *deóntica de la legitimidad* y como para la *lógica deóntica.*

Al análisis del deber anankástico en la *teoría de la coherencia normativa* se dedica el epígrafe 2.; al estudio del deber anankástico en el *deóntica de la legitimidad* se dedica el epígrafe 3.; al examen del deber anankástico en la *lógica deóntica* se dedica el epígrafe 4.

---

10 Cfr. Aristóteles, *De partibus animalium;* Tomás de Aquino, *Quaestiones disputatae de veritate,* 1256-1259; Tomás de Aquino, *Summa Theologica,* 1265-1273; John Locke, *Question: Whether the Civil Magistrate May Lawfully Impose and Determine the Use of Indifferent Things in Reference to Religious Worship,* 1660; Immanuel Kant, *Grundlegung zur Metaphysik der Sitten,* 1785; Edmond Goblot, *Vocabulaire philosophique,* 1901; Giovanni Brunetti, *Norme e regole finali nel diritto,* 1913; Jerzy Sztykgold, *Negacja normy,* 1936; Eduardo García Máynez, *Lógica del concepto jurídico,* 1959; Georg Henrik von Wright, *Practical Inference,* 1963; Simone Goyard-Fabre, *Essai de critique phénoménologique du droit,* 1972; Amedeo G. Conte, *Deontica aristotelica,* 1992.

Agradezco a Paolo Di Lucia que me haya indicado el lugar en donde Tomás de Aquino (en las *Quaestiones disputatae de veritate*) usa el término *'necessitas condicionata'.*

2. EL DEBER ANANKASTICO EN LA TEORIA DE LA COHERENCIA NORMATIVA

La relevancia del concepto de deber anankástico para la teoría de la *coherencia* normativa (y para la teoría de la *incoherencia* normativa: la teoría de las *antinomias*) es doble.

En primer lugar, existen *antinomias anankásticas* irreducibles a las antinomias deónticas.

En segundo lugar, un deber anankástico puede también interferir con deberes que no son anankásticos. Llamo a estos fenómenos de incoherencia "*incoherencias intermodales*".

A la *incoherencia anankástica* se dedica el epígrafe 2.1.; a la *incoherencia intermodal* se dedica el epígrafe 2.2..

2.1. INCOHERENCIA ANANKÁSTICA

2.1.1. *Antinomias deónticas* vs. *antinomias anankásticas*

El fenómeno de la antinomia ha sido estudiado principalmente, y casi exclusivamente, en relación con las reglas por antonomasia: las reglas deónticas[11].

Llamo "*antinomias deónticas*" a las antinomias entre *reglas deónticas.*

Sólo en los últimos años se ha comenzado a hablar de *antinomias no deonticas* (*antinomias adeónticas*) para designar las antinomias entre reglas cuyo deber *no* es un deber deóntico.

Una especie de antinomia adeóntica es la *antinomia anankástica.*

Llamo "*antinomias anankásticas*" a las antinomias entre *reglas anankástico-constitutivas;* es decir, a las antinomias entre reglas cuyo deber es un *deber anankástico.* El análisis de las antinomias entre reglas *anankástico-constitutivas* (y, más en general, entre reglas *adeónticas*) es relevante para la deóntica en tanto que ilumina la problematicidad del propio concepto de "antinomia" (cuya oscuridad, no obstante, había ya sido iluminada por la distinción del concepto de *paranomia* respecto al concepto de *antinomia*)[12].

2.1.2. *CONDICIONES DE ANTINOMIA ANANKÁSTICA*

Ahora bien, ¿cuáles son las condiciones de *incompatibilidad* entre reglas anankástico-constitutivas?

---

11 Por ejemplo, la lógica deóntica sólo ha estudiado el fenómeno de las antinomias en relación con las reglas deónticas.

12 Por 'paranomia' [en inglés: '*predicament*', '*quandary*'] se entiende la oposición entre reglas no *inmediata* (como en el caso de la antinomia), sino *mediada* por una tercera entidad (una entidad que puede ser, por ejemplo, la configuración accidental del *Sein* o la configuración accidental del *Sollen*).

Sobre el concepto de paranomia, cfr. Georg Henrik von Wright, *An Essay in Deontic Logic and the Theory of Action,* 1968; Amedeo G. Conte, *Codici deontici,* 1976; Tecla Mazzarese, *Antinomie, paradossi, logica deontica,* 1984; Giampaolo M. Azzoni, *Condizioni costitutive,* 1986; Giampaolo M. Azzoni, *Il concetto di condizione nella tipologia delle regole,* 1988.

Las condiciones de incoherencia entre reglas anankástico-constitutivas (reglas cuyo deber es un deber anankástico) han sido ya objeto de estudio en el libro de Giampaolo M. Azzoni, *Il concetto di condizione nella tipologia delle regole,* 1988.

2.1.2.1. En su análisis de la coherencia anankástica, Azzoni ha definido así las condiciones de antinomia entre reglas anankástico-constitutivas:

"Existe antinomia entre dos reglas anankástico-constitutivas si dos reglas anankástico-constitutivas ponen dos condiciones necesarias (de un único y mismo condicionado) mutuamente incompatibles. En otros términos, existe antinomia entre reglas anankástico-constitutivas si existe incompatibilidad de condiciones a igualdad de condicionado"[13].

Sin embargo, del análisis que he desarrollado en colaboración con Luigi A. de Caro parece emerger otra especie de antinomia entre reglas anankástico-constitutivas (diferente de la especie analizada y descrita por Azzoni)[14].

No solamente existe antinomia entre reglas anankástico-constitutivas cuando, siendo iguales los condicionados, los condicionantes son incompatibles (antinomia por *incompatibilidad* de *condicionantes;* éste es el caso descrito por Azzoni), sino también cuando, siendo iguales los condicionantes, los condicionados son complementarios (antinomia por *complementariedad* de *condicionados*).

2.1.2.2. La distinción entre las dos especies de antinomia entre reglas anankástico-constitutivas (antinomia por *incompatibilidad* de *condicionantes* y antinomia por *complementariedad* de *condicionados*) no sólo está justificada por la diferencia entre las *condiciones* de antinomia, sino también por la diferencia entre las *consecuencias* de la antinomia.

(i) *Consecuencias de la antinomia por incompatibilidad de condicionantes.*

De las antinomias por *incompatibilidad* de *condicionantes* (las antinomias descritas por Azzoni) deriva la imposibilidad *alética* de! *condicionado* (en efecto, el condicionado tiene dos condiciones necesarias incompatibles que, por consiguiente, no se pueden cumplir conjuntamente).

Lo que Azzoni llama antinomia entre reglas anankástico-constitutivas es el caso en el que la conjunción de dos reglas anankástico-constitutivas pone no una αναγχη, una necesidad, sino curiosamente una imposibilidad, un αδυνατον.

(ii) *Consecuencias de la antinomia por complementariedad de condicionados.*

A diferencia de las antinomias por *incompatibilidad* de *condicionantes,* de las antinomias por *complementariedad* de *condicionados* (las antinomias descritas por Luigi A. de Caro y por mí) no deriva la imposibilidad alética del condicionado.

La consecuencia de una antinomia por *complementariedad* de *condicionados* es paradójica en el caso de incumplimiento del condicionante.

En efecto, del incumplimiento del condicionante (de las dos reglas anankástico-constitutivas antinómicas) deriva la subsistencia de dos estados de cosas *complementarios.*

13 Giampaolo M. Azzoni, *Il concetto di condizione nella tipologia delle regole,* 1988, p. 100.

14 Este análisis fue presentado en una ponencia (*L'ottagono anankastico,* Pavía, 1992), en el ámbito de un ciclo de seminarios organizados por Amedeo G. Conte.

He aquí un ejemplo. Piénsese en dos reglas anankástico-constitutivas (antinómicas): la primera regla pone *n* como condición necesaria del estado de cosas *s*; la segunda regla pone (el mismo condicionante) *n* como condición necesaria del estado de cosas *-s* (complementario con el estado de cosas *s*).

En este caso, si no se cumple la condición necesaria *n* de los dos estados de cosas complementarios *s y -s* (llamo "complementarios" dos estados de cosas descritos por enunciados en oposición contradictoria), se dan conjuntamente los dos estados de cosas complementarios *s* y *-s*. Se da el estado de cosas *s*, según la regla anankástico-constitutiva que pone *n* como condición necesaria de *-s:* si no se satisface la condición necesaria *n, -s* no puede ser y entonces es *s*. Paralelamente, se da el estado de cosas *-s*, según la regla anankástico-constitutiva que pone *n* como condición necesaria de s: si no se satisface la condición necesaria *n, s* no puede ser y entonces es *-s*.

2.2. *Incoherencia intermodal*

2.2.1. *Incoherencias deónticas, incoherencias anankásticas, incoherencias intermodales*

Durante mi análisis de las condiciones de antinomia entre reglas anankástico-constitutivas ha surgido una cuestión que (por lo que sé) no se había formulado hasta ahora.

La cuestión es la siguiente: ¿Es posible una incoherencia originada por la interacción de reglas en las que estén presentes deberes normativos no homogéneos?

Esta cuestión es relevante para la teoría de la coherencia normativa: de hecho, amplía los límites del estudio de la *incoherencia normativa* más allá de los límites del análisis de la *incoherencia deóntica* (objeto de la lógica deóntica) y más allá de los límites del análisis de la *incoherencia anankástica* (objeto de los análisis de Amedeo G. Conte y Giampaolo M. Azzoni).

La posibilidad de incoherencia entre reglas heterogéneas (reglas en las que están presentes deberes normativos heterogéneos) no ha sido aún estudiada.

2.2.2. *Posibilidad de incoherencia intermodal*

¿Es posible una incoherencia originada por la interacción de reglas en las que estén presentes deberes no homogéneos? La respuesta a esta cuestión es positiva. Una incoherencia normativa puede originarla la interacción de reglas heterogéneas.

Llamo a estos fenómenos de incoherencia *"incoherencias intermodales"*, en tanto que afectan a más de una especie de deber.

2.2.2.1. Paso ahora brevemente a ilustrar una *incoherencia intermodal* determinada por la interacción de reglas deónticas y reglas anankástico-constitutivas.

El ejemplo se inspira libremente en mi experiencia como estudiante de la Facultad de Filosofía y Letras que se doctora en Filosofía del derecho.

Supongamos que en un hipotético ordenamiento universitario hay las siguientes tres reglas:

la regla deóntica:

> (i) Todo estudiante de Filosofía y Letras tiene el derecho (en el plano deóntico) de doctorarse (fuera de la Facultad) en Filosofía del derecho (materia que no pertenece a la Facultad de Filosofía y Letras);

la regla anankástico-constitutiva:

> (ii) Es anankásticamente necesario (para doctorarse) haberse examinado de la materia en la que se realiza el doctorado;

la regla anankástico-constitutiva:

> (iii) Condición necesaria de validez de los exámenes es que la materia objeto de examen no sea externa a la Facultad.

La conjunción de estas tres reglas modalmente no homogéneas (el deber es *deóntico* en el primer caso y *anankástico* en los otros dos) produce una *incoherencia intermodal.*

En efecto, las dos reglas anankástico-constitutivas frustran el derecho (puesto por la regla deóntica) a doctorarse (fuera de la Facultad) en Filosofía del derecho: la conjunción de las dos reglas hace aléticamente imposible doctorarse en Filosofía del derecho.

Para fenómenos como éstos se ha propuesto (en 1985) el término *'disnomia'* [*'Dysnomie'*][15].

2.2.2.2. Parece que es precisamente a estos casos de *disnomia* (sin *antinomia*) a los que alude Karl Engisch cuando (a propósito de las incoherencias de los ordenamientos normativos) escribe:

> "Toda antinomia [*Widerspruch*] es una 'imperfección' [*Fehler*], aunque no necesariamente toda imperfección sea una antinomia"[16].

3. EL DEBER ANANKASTICO EN LA DEONTICA DE LA LEGITIMIDAD

3.1. LEGITIMIDAD ANANKÁSTICA VS. LEGITIMIDAD DEÓNTICA

La especifidad del deber anankástico (y su alteridad respecto al deber deóntico) es confirmada por la comparación de diversas formas de legitimidad.

---

15 Un interesante caso de disnomia aparece en la novela de Joseph Heller titulada *Catch-22.* En ella, los términos de la *incoherencia intermodal* son tres. El *primer término* es la *regla deóntica* que "prescribe exonerar del vuelo a todos aquellos que sean locos". El *segundo término* es la *regla anankástico-constitutiva* (adeóntica) que prescribe que para ser exonerados hace falta presentar una solicitud de exoneración. El *tercer término* es la *regla metatético-constitutiva* (adeóntica) que da nombre a la novela: el *Catch 22.* Según el *Catch* 22, "todos aquellos que deseen ser exonerados del vuelo activo no son realmente locos". La interacción de estas tres reglas (modalmente heterogéneas) genera una situación paradójica.

6 Karl Engisch, *Einführung in das juristische Denken,* 1956, p. 156.

De la *legitimidad deóntica* se debe distinguir una segunda forma de legitimidad: la *legitimidad anankástica.* Un acto es *deónticamente legítimo* si está de acuerdo con las *reglas deónticas* (reglas en las que está presente un *deber deóntico*) que lo regulan.

Por el contrario, un acto es *anankásticamente legítimo* si está de acuerdo con las *reglas anankástico-constitutivas* (reglas en las que está presente un *deber anankástico*) que ponen condiciones necesarias de validez del acto.

3.2. *Validez de actos vs. licitud de actos*

La distinción entre *legitimidad anankástica* y *legitimidad deóntica* ilumina la diferencia entre dos conceptos homogéneos: *licitud* y *validez pragmática.*

(Recuérdese que el concepto de "*validez pragmática*" ha sido diferenciado del concepto de "*validez semántica*" y del concepto de "*validez sintáctica*" por Amedeo G. Conte en *Minima deontica,* 1988).

La distinción entre *validez de actos y licitud de actos* fue ya límpidamente formulada por Giampaolo M. Azzoni en *Il concetto di condizione nella tipologia delle regole,* 1988.

Azzoni distingue los opuestos de validez y licitud (*invalidez anankástica* e *ilicitud deóntica*), si bien reconoce que:

"Los términos 'ilicitud' e 'invalidez' son hipónimos de un hiperónimo como 'ilegalidad' o 'ilegitimidad'"[17].

4. EL DEBER ANANKASTICO EN LA LOGICA DEONTICA

4.1. La distinción entre *deber deóntico* y *deber anankástico* ilumina un problema planteado en la vida política italiana en 1991: ¿Debía el ministro Martelli firmar el decreto de gracia con el que se pretendía agraciar a un terrorista?

La situación era la siguiente:

> El Presidente de la República pretendía agraciar con un decreto a un terrorista.
>
> Ahora bien, todo decreto de gracia *debe* firmarlo el ministro de Gracia y Justicia.
>
> ¿Es este deber un *deber deóntico* o un *deber anankástico*?

Evidentemente, no es un *deber deóntico,* sino un *deber anankástico:* un *deber anankástico* sobre la validez del decreto.

4.2. La distinción entre deber deóntico y deber anankástico está prefigurada en Amedeo G. Conte, *Regole eidetico-cositutive,* 1985.

---

17 Giampaolo M. Azzoni, *Il concetto di condizione nella tipologia delle regole,* 1988, p. 89.

Sobre la distinción entre reglas sobre el *estatuto deóntico* de actos y reglas sobre la *validez* de actos, cfr. Giovanni Conso, *Il concetto e le specie di invalidità,* 1955, p. 7. Conso distingue entre "disposiciones que dan lugar a una valoración en términos de *validez* o *invalidez*" y "disposiciones que dan lugar a una valoración en términos de *ilicitud*".

Escribe Conte:

"Consideremos la regla:

(iv) 'La confirmación debe ser dada por el obispo'.

Está claro que esta (hipotética) regla no equivale a:

(v) 'El obispo debe dar la confirmación',

que, no obstante, parece que es la transformación de (iv) al activo.

La regla (v) es una regla regulativa sobre el *obispo;* por el contrario, la regla (iv) es una regla constitutiva sobre la *confirmación,* concretamente una regla que pone una condición necesaria para que un comportamiento tenga valor de confirmación[18].

El deber *anankástico* de que la confirmación sea dada por el obispo no implica el deber *deóntico* de que el obispo dé la confirmación.

Es posible (es más, es probable) que el obispo, en tanto que obispo, tenga el deber deóntico de dar la confirmación; pero este deber deóntico no es un epifenómeno del deber anankástico instituido por la regla (iv).

(*Traducción castellana de Carlos Alarcón Cabrera*)

---

18 Amedeo G. Conte, *Regole eidetico-costitutive,* 1985, p. 28.

Debe recordarse que, paralelamente a la distinción entre deber deóntico y deber anankástico, David Makinson, en *On the Formal Representation of Rights Relations. Remarks on the Work of Stig Kanger and Lars Lindahl,* 1986, diferencia dentro de lo normativo dos *"distinct dimensions": "deontic dimension"* y *"capacitative dimension"* (pp. 407-408). Cfr. Giampaolo Azzoni, *Interpretazioni di Hohfeld,* 1994; *Gli universali delle relazioni giuridiche,* 1995.

EIDONOMICO VS. EIDOLOGICO

Luigi A. de Caro

> "Wir müssen erst die Frage beantworten, was es heißt, von irgend etwas zu sagen, daß es sein soll. Und dies führt natürlich zurück auf die Frage, ob überhaupt etwas - anstatt nichts - sein *soll*".
>
> "En primer lugar, debemos responder a la siguiente pregunta: ¿qué significa decir de algo que debe ser? Esta pregunta nos obliga a plantearnos otra pregunta: ¿hay algo, en general, que *deba* ser?"
>
> *Hans Jonas*
>
> "Das Sollen tritt als Gegensatz zum Sein auf, sobald dieses sich als Idee bestimmt".
>
> "El deber se manifiesta como opuesto al ser desde el mismo momento en que el ser se determina como idea".
>
> *Martin Heidegger*

0. Introduccion

El presente ensayo se dedica a un aspecto de la deóntica de Gerhard Ledig (1888-1967), concretamente a la teoría del deber eidético, en sus dos especies: deber eidológico y deber eidonómico (epígrafe 2.: *Deber eidológico y deber eidonómico en Gerhard Ledig*). Como introducción al análisis de la contribución de Ledig, me refiero antes al concepto de deber eidético, en sus dos especies: deber eidonómico y deber eidológico (epígrafe 1.: *Dos especies de deber eidético: deber eidonómico y deber eidológico*)[1].

1. Dos especies de deber eidetico: deber eidonomico y deber eidologico

Por deber eidético entiendo un deber relativo a un *eîdos*.

La relación entre el *eîdos* y el deber puede tener dos direcciones opuestas: en una dirección, el deber es el *prius* y el *eîdos* es el *posterius;* en otra dirección, inversamente, el *eîdos* es el *prius* y el deber es el *posterius*. Haciendo referencia

---

1 Sobre la vida y la obra de este poliédrico estudioso (filósofo, jurista, filólogo), cfr. Luigi A. de Caro, *Premessa alla traduzione italiana della "Logica del dovere" di G. Ledig*, 1993; *Deontica in Gerhard Ledig*, 1995.

a estas dos direcciones de la relación entre deber y *eîdos*, distingo dos especies de deber *eidético:* deber *eidonómico* y deber *eidológico.*[2]

1.1. *PRIMERA ESPECIE DE DEBER EIDÉTICO: DEBER 'EIDONÓMICO'*

En el deber *eidonómico,* lo que se debe hacer se impone al *eîdos* por una regla, por un *nómos* que es constitutivo del *eîdos.* El deber eidonómico es el deber específico de las reglas eidético-constitutivas. Un caso típico de reglas eidético-constitutivas es el de las reglas del ajedrez. Ejemplos:

(i) "El alfil *debe* moverse en diagonal".

(ii) "El rey (bajo jaque) *debe* moverse evitando el jaque".

En estos casos, las reglas son un *prius* respecto al *eîdos:* la primera regla es un *prius* respecto al *eîdos* del alfil; la segunda regla es un *prius* respecto al *eîdos* del rey; la primera y la segunda regla son un *prius* respecto al *eîdos* del juego del ajedrez.

1.2. SEGUNDA ESPECIE DE DEBER EIDÉTICO: DEBER 'EIDOLÓGICO'

1.2.0. La relación entre *eîdos* y regla se invierte en la otra especie de deber eidético, el deber *eidológico.* En el deber eidológico, lo que se debe hacer no se impone al *eîdos* por una regla, sino que (por el contrario) se impone por el *eîdos* a una regla (a una regla que es mero epifenomeno del *eîdos*). El deber eidológico es el deber de las leyes de esencia, de los *Wesensgesetze* estudiados en la fenomenología. Dos ejemplos (el segundo de los cuales *no* lo pone un fenomenólogo):

(i) "Ein Krieger *soll* tapfer sein".
"Un guerrero *debe* ser valiente".
(Edmund Husserl)

(ii) "A legai relation *must* have two ends".
"Una relación jurídica *debe* tener dos términos".
(Walter Wheeler Cook)

---

2 Cito en orden cronológico los nombres de autores que han realizado contribuciones a la teoría del deber eidético: Edmund Husserl, Adolf Reinach, Max Scheler, Gerhard Ledig, Herbert Spiegelberg, Charlie Dunbar Broad, Georg Henrik von Wright, Giulio Preti, Jerzy Kalinowski, John Rogers Searle, Amedeo Giovanni Conte, Giampaolo Maria Azzoni, Paolo Di Lucia, Giuseppe Lorini, Angiola Filipponio. De estos autores, los únicos que han distinguido explícitamente las dos especies del deber eidético son Amedeo G. Conte y Giuseppe Lorini. En primer lugar, Amedeo G. Conte las distinguió en una conferencia dada en Roma en mayo de 1993: *Deontica dell'adeóntico.* Refiriéndose a Conte, Giuseppe Lorini reformuló posteriormente la distinción en su ensayo *Deontica tra logica e filosofia*, 1993, pp. 602-603. Escribe Lorini: "En deóntica [...] se ha hablado de *deber eidético* para designar el deber de las *reglas eidético-constitutivas.* En otro sentido, se ha hablado de *deber eidético* para el concepto normativo de deber que está presente en enunciados del tipo 'Una pluma estilográfica no *debe* manchar'. *En el primer sentido* de 'deber eidético', el deber eidético *precede* al concepto (es un *prius* del concepto); por el contrario, *en el segundo sentido* de 'deber eidético', el deber eidético no precede, sino que *sigue* al concepto (no es un *prius,* sino un *posterius* del concepto)".

La especie deber eidológico tiene dos subespecies, para las cuales propongo los nombres: 'deber eidológico *ontológico*' y 'deber eidológico *axiológico*'.[3]

Esta subdistinción dentro de la especie del deber eidológico es heurísticamente fecunda para la interpretación de al menos un autor: Georg Henrik von Wright. Advierto además que esta subdistinción no se reproduce en el deber eidonómico: el deber eidonómico es un deber que está *a priori* privado de elementos axiológicos.

1.2.0.1. El deber eidológico *ontológico* es relativo a un *eîdos* considerado como tal, en su ontología (es decir, sin asunción valorativa del *eîdos*). Un ejemplo de deber eidológico *ontológico* es el siguiente:

"Promises ought to be kept".

"Las promesas deben cumplirse".

(Georg Henrik von Wright)

1.2.0. 2. El deber eidológico *axiológico* es relativo a un *eîdos* considerado como ideal, en su axiología (es decir, con asunción valorativa del *eîdos*). Un ejemplo de deber eidológico *axiológico* es el siguiente:

"A good fountain-pen ought not to leak".

"Una buena pluma estilográfica no debe gotear".

(Georg Henrik von Wright)

1.2.0. 3. El deber eidológico axiológico admite un caso-límite (caso en el cual el deber eidológico *axiológico* viene a coincidir con el deber eidológico *ontológico*): es el caso de los *eíde ideali* en los que ser y deber-ser se entremezclan.

He aquí dos ejemplos de *eíde* ideales en los que ser y deber-ser se entremezclan: el *eîdos* de la democracia en la concepción de Giovanni Sartori, y el *eîdos* del poema en la concepción de Alexander Gottlieb Baumgarten.

El primer ejemplo es el *eîdos* de la democracia en la concepción de Giovanni Sartori. Escribe Sartori:

> "El *deber ser* y el *ser* de la democracia están inextricablemente relacionados. Una democracia existe en la medida en que sus ideales y sus valores la plasman en la realidad."[4]

El segundo ejemplo es el *eídos* del poema en la ontología de uno de los fundadores de la estética moderna: Alexander Gottlieb Baumgarten. Según Baumgarten, un poema sólo existe como tal si alcanza la *perfección* estética, la perfección de las representaciones sensitivas. Las cualidades poéticas no son mera *qualitas* de un poema, sino su *quidditas* constitutiva.[5]

---

3 Esta distinción entre dos especies de deber eidológico la hace también Angiola Filipponio, quien distingue entre *Sollen eidológico* (que se corresponde con lo que yo llamo: deber eidológico *ontológico*) y *Sollen eidoaxiológico* (que se corresponde con lo que yo llamo: deber eidológico *axiológico*). Cfr. Angiola Filipponio, *Per una praxeologia della normazione*, 1995.

4 Giovanni Sartori, *Elementi di teoria politica*, 1987, p. 35.

5 Para esta interpretación de Baumgarten, cfr. Eugenio de Caro, *Regno della natura, regno della grazia. Le regole e l'estetico*, 1995. Sobre el pensamiento de Baumgarten, cfr. Francesco

1.2.1. El concepto (y en algunos casos el propio término) de deber eidológico está presente al menos en ocho autores: Edmund Husserl (1859- 1938), Max Scheler (1874-1928), Adolf Reinach (1883-1917), Charlie Dunbar Broad (1887-1971), Gerhard Ledig (1888-1967), Herbert Spiegelberg (1904-1990), Georg Henrik von Wright (1916), Amedeo Giovanni Conte (1934). Al deber eidológico en Gerhard Ledig dedicaré el epígrafe 2.1. del presente ensayo. En el epígrafe 1.2.1. dedico ahora un subepígrafe a cada uno de los restantes siete autores.

1.2.1.1. El concepto de deber eidológico (concretamente, de deber eidológico axiológico) está presente en Edmund Husserl. En las *Logische Untersuchungen*, 1900-1901 (en particular, en el capítulo 14 de los *Prolegomena zur reinen Logik*), Husserl estudia el sentido [*Sinn*] de los enunciados en términos de '*sollen*' [*Sollenssätze*]. Husserl constata que existe un sentido del deber según el cual el deber no es relativo a un acto de posición (a un deseo o a una volición, a una petición o a un mandato). Escribe Husserl:

> "Es evidentemente demasiado restringido el sentido [*Sinn*] originario del deber [*Sollen*], sentido que está ligado a un determinado deseo o a una determinada volición, a una petición o a un mandato (por ejemplo: 'Me debes obedecer', 'X debe venir a verme'). Así como hablamos, en sentido amplio, de peticiones en las que nadie pide e incluso eventual mente no hay nadie a quien se dirija la petición, igualmente hablamos también con frecuencia de un deber [*Sollen*] independientemente de que exista un deseo o una volición."[6]

Este sentido diferente del deber, de un deber que no es relativo a actos de posición, hace referencia a las condiciones necesarias (o a las condiciones suficientes, o a las condiciones necesarias y suficientes) para la posesión de un predicado positivo de valor por parte de un objeto. Según Husserl,

"Todo carácter constitutivo B del A 'bueno' [...] da origen a un enunciado de la forma 'Un A debe ser B'."[7]

Husserl lo aclara citando un ejemplo:

> "Cuando decimos: 'Un guerrero debe ser valiente', ello no significa que alguien (quien habla o alguna otra persona) desee o quiera, mande o pida que un guerrero sea valiente. [...] Por el contrario, 'Un guerrero debe ser valiente' significa: solamente un guerrero valiente es un 'buen' guerrero."[8]

El deber en cuestión es un deber eidológico axiológico: es un deber relativo al concepto de un objeto considerado axiológicamente. Escribe Husserl:

> "Para poder pronunciar el juicio normativo 'Un guerrero debe ser valiente', debo tener algún concepto de 'buen' [*'gut'*] guerrero

Piselli, *Alle origini dell'estetica moderna. Il pensiero di Baumgarten*, 1991.

6 Edmund Husserl, *Logische Untersuchungen*, 1928, pp. 40-41.

7 Edmund Husserl, *Logische Untersuchungen*, 1928, p. 44.

8 Edmund Husserl, *Logische Untersuchungen*, 1928, p. 41.

[literalmente: de los 'buenos' guerreros]."[9]

1.2.1.2. En el ensayo *Zur Ontologie des idealen Sollens,* 1958[10], Herbert Spiegelberg llevó a cabo un análisis del deber eidológico. Spiegelberg habla de *ideales Sollen,* de deber *ideal,* pero no siempre se refiere a lo que yo he llamado deber eidológico *axiológico:* algunas veces se refiere al deber eidológico *in genere,* y otras veces a la *specie* deber eidológico *axiológico.* En concreto, se refiere al deber eidológico *in genere* cuando analiza la estructura del *ideales Sollen*; por el contrario, se refiere al deber eidológico *axiológico in specie* cuando da ejemplos de *ideales Sollen.*

Spiegelberg concluye la descripción esencial [*Wesensbeschreibung*] del *ideales Sollen* escribiendo:

> "En un deber ideal, un objeto (un sustrato deóntico [*Sollsubstrat*]) está relacionado con una determinación (con una forma deóntica [*Sollform*]) a través de un específico 'ligamen' (un factor deóntico [*Sollfaktor*]). Este ligamen entre objeto y determinación es una fuerza ideal-dinámica que estimula la unión entre el objeto y la determinación en un estado de cosas de ser [*Seinssachverhalt*] (estado de cosas que debe darse [*gesollter Seinsverhalt*])."[11]

Esta descripción del *ideales Sollen* es una descripción que concierne al deber eidológico *in genere.*

Por el contrario, conciernen al concepto de deber eidológico *axiológico in*

---

9 Edmund Husserl, *Logische Untersuchungen,* 1928, p. 43. El concepto de normatividad de la esencia en Edmund Husserl lo analiza Giulio Preti (*Retorica e logica. Le due culture,* 1968, pp. 218-219). Escribe Preti: "En la historia de la filosofía, desde Platón hasta nuestros días, se han realizado reiterados intentos de ligar, en una especie de identificación, la noción de valor (intrínseco) con la de 'esencia'. Un "bravo soldado" es el que se comporta como un soldado, es decir, conforme a la "esencia" del soldado (E. Husserl); un "buen coche" es el coche que tiene todas las piezas, y en el que todas las piezas funcionan, como es intrínseco a la noción (esto es, a la esencia) del coche (Robert S. Hartman)... Pero debe tenerse en cuenta que esa "esencia" es en sí misma una construcción valorativa (y/o normativa): de! concepto empírico de 'soldado' no resulta el concepto valorativo de 'bravo soldado', del concepto empírico de 'coche' no resulta el de 'buen coche': la esencia es aquí ya una construcción cultural que contiene la idea de cómo debe ser un soldado o un coche 'como debe ser'". Casi a la vez que Preti, pero independientemente de él, la concepción de las proposiciones normativas en Edmund Husserl es estudiada en Georges Kalinowski, *Querelle de la science normative,* 1969. Kalinowski reconoce el concepto de deber eidológico: "El deber-ser [*devoir-être*] se origina en la *esencia* [*essence*] del ser dado [*être donné*]. Es la esencia del guerrero la que exige [*exige*] que sea valiente".

10 La deóntica fenomenológica de Herbert Spiegelberg (1904-1990) es estudiada por Paolo Di Lucia. Di Lucia cita cinco obras de Spiegelberg relevantes para la deóntica: *Gesetz und Sitten gesetz,* 1935; *Antirelativismus,* 1935; *Zur Ontologie des idealen Sollens,* 1958; *Rules and Order: Toward a Phenomenology of Order,* 1968; *Sollen und Dürfen,* 1989. Una traducción italiana parcial (a cargo de Paolo Di Lucia) de *Gesetz und Sittengesetz* está publicada en el volumen (a cargo de Uberto Scarpelli y Paolo Di Lucia) *Il linguaggio del diritto,* 1994, con el título: *Leggi costitutive.*

11 Herbert Spiegelberg, *Zur Ontologie des idealen Sollens,* 1958, p. 253. Es probable que los términos *'Sollsubstrat', 'Sollform', 'Sollfaktor', 'Seinssachverhalt'* y *'Gesollter Seinsverhalt'* sean neologismos de Spiegelberg.

specie los ejemplos de *ideales Sollen* propuestos por Spiegelberg. He aquí dos:

(i) "Jede Stadt soll ein Museum haben"

"Toda ciudad debe tener un museo"

(ii) "Der Mensch soll gütig sein".

"El hombre debe ser bueno".

1.2.1.3. Para iluminar mejor el concepto de deber eidológico (axiológico), reproduzco un párrafo de Max Scheler en el que se analiza el enunciado 'Ama a Dios sobre todas las cosas y a tu prójimo como a tí mismo':

"En realidad, este enunciado no puede ser considerado como 'norma' 'que ordena' porque es absurdo querer 'mandar' y 'ordenar' el amor. Por el contrario, este enunciado expresa que quien se comporta así (es decir, quien ama a su prójimo como a sí mismo) materializa el supremo valor moral, y que tal comportamiento es un *deber-ser ideal.*"[12]

Así, según Scheler, el enunciado 'Ama a Dios sobre todas las cosas y a tu prójimo como a tí mismo' no expresa un deber deóntico de amar, sino un deber eidológico (axiológico): el hombre supremamente moral *debe* (dado su *eîdos*) amar a Dios sobre todas las cosas y a su prójimo como a sí mismo.

1.2.1.4. La teoría *a priori* del derecho civil (en particular, la teoría de la promesa) del fenomenólogo Adolf Reinach es un terreno ideal para el estudio del deber eidológico.

1.2.1.4.1. Reinach distingue entre obligación [*Verbindlichkeit*] creada por la promesa y deber moral [*sittliche Pflicht*] relativo al cumplimiento de las obligaciones. El deber moral de cumplir las obligaciones es objeto de una ley de esencia. Escribe Reinach:

> "Es ley de esencia que el cumplimiento de las obligaciones (de las obligaciones absolutas y de las obligaciones relativas) sea un deber moral. La obligación y el deber moral subsisten aquí uno junto al otro; sin embargo, el deber moral presupone la existencia de la obligación."[13]

Esta ley de esencia de Reinach no es la ley que dice que (dado el *eídos:* promesa) las promesas deben cumplirse, sino la ley que dice que (dado el *eídos:* estado de cosas moralmente justo) el cumplimiento de sus obligaciones es un deber moral de todo hombre. (A la ley de esencia que dice que las promesas, en cuanto tales, deben cumplirse le corresponde un deber eidológico *ontológico;* a la ley de esencia que dice que la justicia moral exige de cada uno el cumplimiento de sus obligaciones le corresponde un deber eidológico *axiológico.*)

Ya que quien promete es doblemente portador de obligaciones y deberes (en primer lugar, en la esfera de las relaciones sociales, en tanto que agente social; en segundo lugar, en la esfera de la justicia moral, en tanto que hombre moral), quien no cumple la obligación generada por su promesa comete una

12 Max Scheler, *Der Formalismus in der Ethik und die materiale Wertethik,* 1966, p. 229.

13 Adolf Reinach, *Zür Phänomenologie des Rechts,* 1953, p. 31.

doble violación deóntica: en primer lugar, viola la obligación (surgida de la promesa) de mantener la promesa; en segundo lugar, viola el deber moral de cumplir sus obligaciones.

1.2.1.4.2. Un caso de superposición de leyes de esencia, en el que no está claro a qué ley de esencia se hace referencia, es el clásico ejemplo de Ulpiano (*Digesto,* II; 14):

"Pacta sunt servanda."

En particular, no está claro si se trata aquí de la ley de esencia (ontológica) que dice que los pactos, en cuanto tales, se respetan, o por el contrario de la ley de esencia (axiológica) que dice que es de justicia que se deban cumplir los pactos.

1.2.1.5. El concepto de deber eidológico (concretamente, de deber eidológico axiológico) está presente en el filósofo inglés Charlie

Dunbar Broad. En sus *Cambridge Lectures on Ethics* (*1933-1953*) (publicadas en 1985, en una edición a cargo de Casimir Lewy, con el título: *Ethics*), Broad teoriza el concepto de *ideal ought,* y más concretamente el concepto de *"ideal-comparative" ought.* Un ejemplo de *ideal ought* que pone Broad es el siguiente:

> "A fountain-pen *ought* not to be constantly making blots."
>
> "Unaplumaestilográficano*debe*estarmanchandoconstantamente."[14]

En casos como éste, según Broad, el funcionamiento de un objeto se presenta como funcionamiento de un miembro ideal [*ideal member*] de la clase a la que el objeto pertenece.

1.2.1.6. El concepto de deber eidológico está presente en Georg Henrik von Wright. En von Wright están presentes ambas especies de deber eidológico: el deber eidológico *ontológico* y el deber eidológico *axiológico.*

1.2.1.6.1. *En primer lugar,* en von Wright está presente el concepto de deber eidológico *ontológico.* El *eîdos* al que es inherente el deber eidológico ontológico es el *eîdos* de la promesa. Según von Wright (*Norm and Action,* 1963), la obligación de cumplir las promesas es inherente a la institución [*is inherent in the institution*] de la promesa, es un carácter lógico [*logical feature*] de esta institución. Escribe von Wright:

> "Un aspecto de la obligación de cumplir las promesas es que dicha obligación es inherente a la institución de hacer y recibir promesas, es una característica lógica de esta institución. Se podría decir que las promesas se deben cumplir 'por definición'."[15]

La obligación de cumplir las promesas es un deber eidológico ontológico. En primer lugar, emerge el rasgo (genérico) de la *eidologicidad:* la obligación de cumplir las promesas, en tanto que es *lógicamente* inherente al *eîdos* de la promesa, es un deber *eidológico;* en segundo lugar, emerge el rasgo (específico) de la *ontologiciclad:* la obligación de cumplir las promesas, en tanto que es

14 Charlie Dunbar Broad, *Ethics,* 1985, p. 233. Este ejemplo de Broad me lo ha dado a conocer Paolo Di Lucia.

15 Georg Henrik von Wright, *Norm and Action,* 1963, p. 12.

inherente a *toda* promesa, a la promesa *como tal,* es un deber eidológico *ontológico.*

1.2.1.6.2. *En segundo lugar,* en von Wright está presente también la otra especie de deber eidológico: el deber eidológico *axiológico.*

En *Norm and Action,* 1963, von Wright introduce el concepto de *ideal rule,* de regla ideal. Escribe von Wright:

> "Llamaré *reglas ideales* [*ideal rules*] a las normas que hacen referencia al ser [*being*] más que al hacer [*doing*]. Hacemos referencia a reglas ideales cuando, por ejemplo, decimos que un hombre debe ser generoso, veraz, justo, moderado, etc., y también cuando decimos que un soldado del ejército debe ser valiente, duro y disciplinado; que un maestro de escuela debe ser paciente con los niños, firme y comprensivo; que un centinela debe estar alerta y atento y ser resolutivo."[16].

En la caracterización que von Wright hace de las *ideal rules* emergen dos rasgos: el rasgo (genérico) de la eidologicidad y el rasgo (específico) de la axiologicidad.

En primer lugar, emerge el rasgo (específico) de la axiologicidad: según von Wright, las reglas ideales están estrechamente relacionadas con el concepto de *bondad* [*goodness*], es decir, con el concepto del modelo *ideal* del objeto al que la regla se refiere. Escribe von Wright:

> "Las reglas ideales están estrechamente relacionadas con el concepto de *bondad* [*goodness*]. Las propiedades que nosotros decimos que debe poseer un artesano, un administrador o un juez no son características de *todo* artesano, de *todo* administrador o de *todo* juez, sino que son características de un *buen* [*good*] artesano, de un *buen* administrador o de un *buen* juez. La persona que tenga en grado supremo las propiedades de un buen artesano, de un buen administrador, de un buen juez (de un buen objeto) es normalmente llamada un artesano *ideal,* un administrador *ideal,* un juez *ideal* (un objeto ideal). Lo mismo ocurre con los relojes, con los coches y con otras cosas que sirven para alcanzar fines humanos."[17]

En segundo lugar, emerge el rasgo (genérico) de la eidologicidad: según von Wright, la relación entre las cualidades [*qualities*] que un objeto debe tener y la idealidad o bondad [*goodness*] del objeto es una relación *conceptual* o *lógica* [*conceptual* (*logical*)]. Escribe von Wright:

> "Para ser un buen profesor, un hombre debe tener determinadas cualidades. [...] Estas cualidades de un hombre que deber-
>
> minan su bondad como profesor no están en relación causal con lo ideal [...]. La [...] relación es *conceptual* (*lógica*). Las reglas ideales determinan un concepto, como por ejemplo el concepto de (buen) profesor o el concepto de (buen) soldado."[18]

16 Georg Henrik von Wright, *Norm and Action,* 1963, p. 14.

17 Georg Henrik von Wright, *Norm and Action,* 1963, p. 14.

18 Georg Henrik von Wright, *Norm and Action,* 1963, p. 15.

1.2.1.6.3. La referencia al rasgo genérico de la eidologicidad (y no al rasgo específico de la axiologicidad) de las reglas ideales es lo que explica por qué von Wright considera similares las reglas ideales y las reglas eidético-constitutivas de los juegos. Ciertamente, el deber de las reglas ideales es, al igual que el deber de las reglas eidético-constitutivas de los juegos, un deber eidético, pero hay una diferencia: en las reglas ideales el deber es *eidológico,* mientras que en las reglas eidético-constitutivas de los juegos el deber es *eidonómico.* Esta diferencia (entre *eidológico y eidonómico*) no parece advertirla von Wright. Por ejemplo, él escribe:

> "Las reglas *ideales* determinan un concepto [*concept*]: por ejemplo, el concepto de (buen) profesor o el concepto de (buen) soldado. Son en esto similares a las reglas *de un juego.* Precisamente por esta similaridad les hemos dado el nombre de 'reglas."[19]

1.2.1.6.4. La distinción entre deber eidológico *ontológico y* deber eidológico *axiológico* no ha sido hecha explícita por von Wright. Quizás ello explique una extraña oscilación de von Wright.

En *Deontic Logic and the Theory of Conditions,* 1968, von Wright vuelve a citar como ejemplo de enunciado deóntico empleado para expresar una valoración [*to evince an evaluation*] el siguiente enunciado:

> "'A good fountain-pen ought not to leak' or simply 'A fountain-pen ought not to leak'."

> "'Una *buena* [*good*] pluma estilográfica no debe [*ought not*] gotear' o, simplemente, 'Una pluma estilográfica no debe [*ought not*] gotear'."[20]

A pesar de lo que parece sugerir von Wright, las dos formulaciones del ejemplo (probablemente basado en el de Charlie Dunbar Broad) no son equivalentes: en la *primera* formulación ('Una *buena* pluma estilográfica no debe gotear') el deber, en tanto que es inherente al *eîdos* de la *buena* pluma estilográfica, es un deber eidológico *axiológico;* en la *segunda* formulación ('Una pluma estilográfica no debe gotear'), por el contrario, el deber, en tanto que es inherente al *eîdos* de la pluma estilográfica *simpliciter,* es un deber eidológico *ontológico.*

1.2.1.6.5. También Ludwig Wittgenstein, maestro de Georg Henrik von Wright, pone un ejemplo de regla ideal en el que el *eîdos* al que la regla ideal es inherente es el propio *eîdos* de regla. He aquí el ejemplo:

> "¿Por qué las reglas no *deben* estar en contradicción? Las reglas no deben contradecirse porque, si se contradijeran, no serían reglas."[21]

1.2.1.7. El concepto de deber eidológico (concretamente, el concepto de deber eidológico ontológico) está presente en Amedeo G. Conte, en quien se entrecruzan de forma sugerente lo eidológico y lo praxeológico. Al estudiar las condiciones de validez pragmática de los actos, Conte distingue entre

---

19 Georg Henrik von Wright, *Norm and Action,* 1963, p. 15.

20 Georg Henrik von Wright, *Deontic Logic and the Theory of Conditions,* 1971, p. 175.

21 Ludwig Wittgenstein, *Philosophische Grammatik,* 1969, p. 305.

condiciones *praxeológicas* de validez pragmática y condiciones *praxeonómicas* de validez pragmática. Las condiciones *praxeológicas* de validez pragmática son inherentes al *eîdos* de un acto. Escribe Conte:

"Las condiciones praxeológicas de validez derivan, *ab intra,* del propio concepto del acto (se conocen y se reconocen por el *lógos;* no son théticamente impuestas por un *nomos,* por una regla, por una norma): no están determinadas, *ab extra,* por un *nomos,* en concreto por una regla anankástico-constitutiva sobre la validez del acto."[22]

Conte asume el acto de la promesa como caso paradigmático para el estudio de las condiciones *praxeológicas* de validez pragmática. Para Conte, una condición praxeológica de validez de una promesa consiste en que el objeto de la promesa sea un acto futuro: el *lógos* conoce y reconoce, en el examen del *eîdos* de la promesa, que el objeto de la promesa debe ser un acto futuro. El deber, que el *lógos* infiere del *eîdos,* es un deber *eidológico.*

Al criticar la teoría de las *constitutive rules* de John R. Searle, Conte advierte también que la regla según la cual todo acto de promesa debe tener por objeto un comportamiento futuro sólo puede calificarse metonímicamente como regla constitutiva: en concreto, sólo puede ser llamada regla "constitutiva" en el sentido de que la regla está *implicitada* (*entailed*) por la *constitución* de la institución (el acto de la promesa) sobre la que versa. A la luz de la crítica de Conte a Searle se explica cómo Searle puede calificar como reglas constitutivas [*constitutive rules*] *y* como tautologías [*tautologies*] reglas como las siguientes:

(i) "One ought not to steal".

(ii) "One ought not to tell lies".

(iii) "One ought to pay one's debts".

Estas tres reglas son tautológicas *y* "constitutivas" porque se limitan a hacer explícito lo que está lógicamente implicitado (*entailed*) por la *constitución* de la institución sobre la que versan (respectivamente: la institución de la propiedad privada, sobre la que versa la regla que establece que no se *debe* robar; la institución de la afirmación, sobre la que versa la regla que establece que no se *deben* decir mentiras; la institución de la deuda, sobre la que versa la regla que establece que cada uno *debe* pagar sus deudas).[23]

1.2.2. Cito a continuación rapsódicamente algunos ejemplos de deber eidológico:

> (1) "De nullo illicito, nec de aliquo indifferenti *debet* fieri votum, sed solum de actu virtutis".

(Tomás de Aquino, *Summa Theologica,* II, II, *quaestio* 88)[24]

> (2) "El objeto de la promesa *debe* [*must*] tener interés para quien recibe la promesa".

22 Amedeo G. Conte, *Performativo* vs. *normativo,* 1994, p. 254.

23 Cfr. Amedeo G. Conte, *Materiali per una tipologia delle regole,* 1985, pp. 355-356; *Regole costitutive in deontica,* 1990, p. 229; *Deontica wittgensteiniana,* 1993, p. 134. Cfr. también John R. Searle, *Speech Acts. An Essay in the Philosophy of Language,* 1969, p. 186.

24 Paolo Di Lucia analiza esta regla de Tomás de Aquino en *L'universale della promesa,* 1995.

(Georg Henrik von Wright, *On Promises*, 1963, p. 87)

(3) "Para que una comunidad democrática se comporte como tal, *debe* tratar por igual a todos los residentes en su territorio: una democracia *no puede* admitir que a los trabajadores que vienen de fuera se les trate como metecos".

(Luca Baccelli, *Cittadinanza e appartenenza*, 1994, p. 140)

(4) "Un lápiz *debe* [*must*] tener dos extremos; una relación jurídica también *debe* [*must*] tener dos extremos".

(Walter Wheeler Cook, *Hohfeld's Contribution to the Science of Law*, 1919)[25]

En estos cuatro casos, el deber es un *posterius* respecto al *eîdos*: respecto al *eîdos* del voto (de la promesa que se hace a Dios), de la promesa, de la democracia, de la relación jurídica.

1.2.3. El deber eidológico no se refiere necesariamente a agentes. En algunos casos, el deber eidológico es relativo a *sujetos* (a agentes); en otros casos, es relativo a *objetos*. Para Herbert Spiegelberg, si se probara la existencia de un deber pre-ético [*vor-ethisch*\, de un *ideales Sollen*, se derrumbaría la idea, difundida en el ambiente filosófico, de que todo deber es una *prescripción esencialmente dirigida a personas* [*wesentlich an Personen adressierte Vorschrift*], Destaco la importancia del deber eidológico referido a *objetos* porque es precisamente el deber del que habla Gerhard Ledig.

Ledig no define el concepto de deber eidético, ni tampoco hace explícita la distinción entre deber eidonómico y deber eidológico. Sin embargo, en Ledig están presentes ejemplificaciones del deber eidológico (epígrafe 2.1.) y ejemplificaciones del deber eidonómico (epígrafe 2.2.).

2. DEBER EIDOLOGICO Y DEBER EIDONOMICO EN GERHARD LEDIG

2.1. *DEBER EIDOLÓGICO EN GERHARD LEDIG*

2.1.1. En el ensayo *Zur Logik des Sollens*, 1931, Ledig enumera rapsódicamente 17 contextos heterogéneos en los que se habla de *Sollen*, de deber. A cada uno de los 17 contextos le corresponde, según Ledig, una especie [*Art*] de deber [*Sollen*], una *Sollensart*. Ledig advierte que su enumeración no pretende ser exhaustiva. Los 17 casos tienen en común el hecho de que el germanoparlante reconoce en cada uno de ellos un posible empleo *sensato* del verbo modal '*sollen*'[26] La decimoséptima especie de deber [*Sollensart*] es explicada por

25 Cfr. Walter Wheeler Cook, *Hohfeld's Contribution to the Science of Law*, 1923, p. 10, nota 12. Conozco el ensayo de Cook por Giampaolo M. Azzoni.

26 En una traducción castellana de la *Grundlegung zur Metaphysik der Sitten* hay un singular hallazgo (que me ha dado a conocer Amedeo G. Conte) sobre el verbo alemán '*sollen*'. Sorprendentemente, el traductor Luis Martínez de Velasco desconoce el sentido deóntico del verbo '*sollen*'. Cuando aparece por primera vez el verbo '*sollen*' en la *Grundlegung zur Metaphysik der Sitten* (*Vorrede*, 388, 2), Martínez de Velasco traduce '*sollen*' como 'soler', un verbo no deóntico, y no como 'deber': "En cambio, tanto la filosofía natural como la filosofía moral pueden tener cada una su parte empírica, porque aquélla debe determinar

Ledig mediante los siguientes dos ejemplos:

(i) "Obst *soll* süß sein".

"La fruta *debe* ser dulce".

(ii) "Der Sommer *soll* heiß sein".

"El verano *debe* ser caluroso".[27]

Esta pareja de enunciados, que Ledig emplea para explicar una especie de deber, ejemplifica transparentemente el concepto de deber eidológico. En ambos casos el deber eidológico es relativo a objetos. En ambos casos el deber eidológico es axiológico.

2.1.2. Otra de las especies de deber citadas por Ledig parece también ser una forma de deber eidológico: la especie de deber que Ledig llama: deber como función de un miembro dentro de una estructura teleológica [*Sollen als Funktion eines Gliedes im Zweckgebilde*], y que yo denomino más brevemente: deber *funcional*. Ledig ejemplifica esta especie de deber mediante los siguientes dos ejemplos:

(i) "Das Herz *soll* den Körper mit Blut versorgen".

"El corazón *debe* [*soll*] abastecer de sangre al cuerpo".

(ii) "Der Draht *soll* der Birne den Strom zuleiten".

"El cable *debe* [*soll*] llevar la comente a la bombilla".[28] En estos dos casos, el deber es un deber eidológico, en tanto que implicitado por la constitución de un *eídos*, el *eîdos* del organismo animal, el *eîdos* de la instalación de iluminación.

El primero de los dos ejemplos se remonta a: Hans Kelsen, *Hauptprobleme der Staatsrechtslehre*, 1911. Pero es Ledig quien interpreta el enunciado *'Das Herz soll den Körper mit Blut versorgen'* como enunciado en el que el término *'sollen'* tiene un sentido no (banalmente) deóntico. Para Ledig, el término *'sollen'* expresa en este enunciado una particular especie de deber: un deber funcional.

Por el contrario, a diferencia de Ledig, Kelsen se había limitado a sostener la tesis obvia de que el corazón no puede tener el deber deóntico de abastecer de sangre al cuerpo. Kelsen escribe:

> "El juicio por el cual la finalidad de la actividad del corazón consiste en abastecer de sangre al cuerpo no significa que el corazón *deba* [*soll*] *abastecer* de sangre al cuerpo, sino sólo que el corazón *abastece* de sangre al cuerpo; el juicio de finalidad se refiere a un *ser* [*Sein*],

---

las leyes de la naturaleza en cuanto objeto de la experiencia, mientras que ésta debe hacer lo mismo con las de la voluntad del hombre en la medida en que es afectada por la naturaleza; las primeras se consideran leyes por las que suceden los fenómenos, y las segundas, leyes según las cuales *suelen suceder* [*geschehen soll*] determinados fenómenos, aunque, sin embargo, se examinan las condiciones por las cuales muchas veces no suceden" (*Fundamentación de la metafísica de las costumbres*, 1994, pp. 43-44).

27 Gerhard Ledig, *Zur Logik des Sollens*, 1931, p. 371.

28 Gerhard Ledig, *Zur Logik des Sollens*, 1931, p. 372.

> no a un *deber* [*Sollen*], No se afirma la existencia de una *norma* [*Norm*] que prescribe el abastecimiento sanguíneo del cuerpo por parte del corazón."[29]

2.2. *Deber eidonómico en Gerhard Ledig*

2.2.1. Entre las diecisiete especies de deber distinguidas por Ledig en *Zur Logik des Sollens*, 1931, está el deber *eidonómico*. En particular, Ledig destaca la especifidad del deber de una regla del juego [*Spielregel*], El ejemplo que Ledig propone es el siguiente:

> "Im Schachspiel *soll* der feindliche König matt gesetzt werden".
> "En el juego del ajedrez [*Schachspiel*], se *debe* dar jaque mate al rey enemigo".[30]

El *Sollen* de esta regla es eidonómico porque (aunque no constituye ningún praxema del juego) contribuye a determinar el *eîdos* del juego del ajedrez.

2.2.2. En otro trabajo de Ledig, *Zur Erkenntnistheorie des unkörperlichen Gegenstandes* [Gnoseología del objeto incorpóreo], 1927-1928, hay una anticipación de la teoría de la constitutividad eidética de reglas.

2.2.2.1. En este ensayo, la constitutividad de las reglas del ajedrez se contempla en relación con el estatuto ontológico de las piezas del juego, de los functores lúdicos [*Figuren*]. Sorprendentemente, Ledig contrapone *'Figur'* a *'Stein'*, dos términos considerados normalmente sinónimos e intercambiables, y traducidos ambos como 'pieza'. Yo traduciré *'Figur'* como 'pieza' y *'Stein'* como 'soporte material'. La *Figur* (a diferencia del *Stein*) es, para Ledig, un lugar deóntico: el lugar deóntico de sus reglas. Escribe Ledig:

> "En el juego del ajedrez, la pieza [*Figur*] que se encuentra sobre un determinado escaque en una determinada constelación de relaciones lúdicas (por ejemplo, uno de los dos caballos blancos) no es, naturalmente (en el sentido del juego), un objeto material. Por el contrario, esta pieza [*Figur*] es un puro objeto inmaterial [*Gedankending*], que debe distinguirse del soporte material [*Stein*] que lo representa. Las propiedades que se predican de este objeto inmaterial que es la pieza [*Figur*] son totalmente diferentes de las propiedades que se predican del soporte material [*Stein*], Propiedades del soporte material son: el color, el peso, etc. Por el contrario, las propiedades de la pieza están *determinadas por las reglas del juego*."[31]

2.2.2.2. Como destaca Amedeo G. Conte, la tesis de que la identidad de cada una de las piezas del ajedrez es relativa a las reglas, al margen de cómo se plasmen las piezas en los objetos materiales que, en una partida, representan sus *types*, fue claramente formulada por Ludwig Wittgenstein, en *Lectures and*

---

29 Hans Kelsen, *Hauptprobleme der Staatsrechtslehre*, 1911, p. 64.

30 Gerhard Ledig, *Zur Logik des Sollens*, 1931, p. 370.

31 Gerhard Ledig, *Zur Erkenntnistheorie des unkörperlichen Gegenstandes*, 1927-1928, p. 104.

Conversations on Aesthetics, Psychology and Religious Belief, 1966:

> "The exact shape of the chess-men plays no role".

Escribe Conte:

> "Ya Edmund Husserl, Ferdinand de Saussure y Louis Hjelmslev señalaron que, de la entidad física que representa una pieza, sólo cuenta lo que hace que la pieza sea un *token* de su *type*".[32]

(*Traducción castellana de Carlos Alarcón Cabrera*)

32 Cfr. Amedeo G. Conte, *Deontica wittgensteniana,* 1993, p. 125.

DOS PARADOJAS DEONTICAS

Carlos Alarcon Cabrera

"De aquello de donde el ser procede
necesariamente procede también su disolución"
Anaximandro

0. Introduccion

En *Om ret og retfœrdighed* [Sobre el derecho y la justicia], 1953, Ross considera el artículo 88 de la Constitución de Dinamarca de 1953, que establece las condiciones para la reforma constitucional, como norma fundamental del ordenamiento jurídico danés, como cúspide de la pirámide normativa danesa: Las normas jurídicas, escribe Ross, se promulgan y derogan a través de actos de promulgación (*'enactment'*) y derogación que cumplen las condiciones, personales y procedimentales, establecidas por reglas de competencia. Las reglas de competencia se promulgan y derogan a través de actos que cumplen las condiciones establecidas por reglas de competencia de orden superior, en particular de rango constitucional. Y, finalmente, las normas constitucionales se promulgan y derogan a través de actos que cumplen las condiciones establecidas por la regla que regula la reforma constitucional. Esta regla determina el proceso supremo de producción (y "destrucción") jurídica y, recalca Ross, "constituye" la autoridad suprema del ordenamiento, por lo que debe considerarse la norma fundamental[1].

El artículo 167.1 de la Constitución española dice así: "Los proyectos de reforma constitucional deberán ser aprobados por una mayoría de tres quintos de cada una de las cámaras". Esta norma (prescindiendo hipotéticamente del restante contenido normativo del Título X de la Constitución) es el *único medio jurídico* para *derogar* cualquier artículo constitucional, incluido el propio art. 167.1; por consiguiente, sería el *único medio jurídico* para *derogar* el procedimiento jurídico para la *derogación* de cualquier artículo de la Constitución, incluido el propio artículo 167.1; por consiguiente, sería el *único medio jurídico*... y así hasta el infinito.

Por otra parte, *derogar* el art. 167.1 sustituyéndolo por un hipotético art. 167.1' significaría lógicamente que, si determinados requisitos (establecidos en el art. 167.1) condicionan la *invalidez* de una norma constitucional y condicionan también la *validez* de una nueva norma constitucional (el art.

1 Alf Ross, *Om ret og retfœrdigned*, 1953 (trad. inglesa: Alf Ross, *On Law and Justice*, 1958, pp. 78 ss.); Ross se dedica posteriormente a la cuestión de forma monográfica en *On Self-Reference and a Puzzle in Constitutional Law*, 1969.

167.1'), y si esos requisitos se cumplen, de estas dos premisas se deduce que otros requisitos diferentes (los establecidos en el art. 167.1') condicionan la *invalidez* de una norma constitucional y condicionan también la *validez* de una nueva norma constitucional.

Entonces, siguiendo a Ross (y trasladando su análisis del art. 88 de la Constitución danesa al art. 167.1 de la Constitución española), la inferencia lógica que se podría construir sería contradictoria, porque la conclusión.

"una norma constitucional sólo es *inválida* si se cumplen los requisitos establecidos en el *art. 167.1'* para su *derogación;* una nueva norma constitucional sólo es *válida* si se cumplen los requisitos establecidos en el *art. 167.1'* para su *promulgación"* contradice la premisa mayor.

"una norma constitucional sólo es *inválida* si se cumplen los requisitos establecidos en el *art. 167.1* para su *derogación;* una nueva norma constitucional sólo es *válida* si se cumplen los requisitos establecidos en el *art. 167.1* para su *promulgación"*.

Mediante estos argumentos, Ross planteó la paradoja deóntica de la reforma constitucional autorreferente y contradictoria. De acuerdo con los argumentos de Ross, podrían extraerse tres consecuencias:

(i) El art. 167.1 carece de significado lógico por ser autorreferente.

(ii) El art. 167.1 no puede ser derogado sin caer en contradicción.

(iii) Para derogar el art. 167.1 a través de su sustitución por el art. 167.1', es irrelevante que se sigan o no los requisitos que el propio artículo 167.1 establece, porque en cualquier caso se incumple. Lo relevante será que, de hecho, las normas constitucionales continúen derogándose siguiendo los requisitos establecidos por el art. 167.1, o se deroguen siguiendo los requisitos establecidos por el art. 167.1'.

Las críticas recibidas por Ross por su "puzzle" constitucional han sido numerosas. Me limitaré a analizar esta paradoja deóntica atribuyéndola a la confusión acerca de la naturaleza de la norma que regula la derogación y reforma constitucional, en algunas ocasiones considerada "regla constitutiva" (en concreto, considerada como la norma fundamental del ordenamiento) y en otras ocasiones considerada "regla hipotético-constitutiva" (en concreto, considerada como una cualificada norma de competencia), ((i) desde el punto de vista *ontológico,* las reglas hipotético-constitutivas no *son* condición de aquello sobre lo que versan, como las reglas constitutivas, sino que *ponen* condiciones para que un acto posea un determinado valor; (ii) desde el punto de vista *semiótico,* las reglas hipotético-constitutivas no *determinan,* como las reglas constitutivas, la *connotación* de los términos que designan la praxis que regulan, sino que *presuponen* tal *connotación y establecen* su *denotación* al poner condiciones de validez de las entidades designadas por estos términos)[2].

2 Cf. Amedeo G. Conte, *Regola costitutiva in Wittgenstein,* 1981, pp. 59- 66; *Regola costitutiva, condizione, antinomia,* 1983, pp. 23 ss.; *Phénoménologie du langage déontique,* 1985, pp. 187-190; *Materiali per una tipologia delle regole,* 1985, pp. 361-364; *Eîdos. An Essay on Constitutive Rules,* 1988, pp. 252-256; Giampaolo M. Azzoni, *Il concetto di condizione nella tipologia delle regole,* 1988; Carlos Alarcón Cabrera, *Normas y paradojas,* 1993.

1. EL "PUZZLE" CONSTITUCIONAL DE ROSS EN TERMINOS DE CONSTITUTIVIDAD

¿Es el art. 167.1 de la Constitución española una regla *constitutiva?*, *¿es* condición de aquello sobre lo que versa?, *¿determina* la *connotación* de los términos que designan la praxis que regula?

En el supuesto de respuesta afirmativa, ¿qué especie de regla constitutiva es? En el supuesto de que fuera una regla noético-constitutiva ("reglas noético-constitutivas": reglas que *son* condición *necesaria y suficiente* de aquello sobre lo que versan), ¿sería la norma fundamental del ordenamiento jurídico español?

En el supuesto de respuesta negativa, ¿es una regla *hipotético-constitutiva?*, *¿pone* condiciones de aquello sobre lo que versa?, *¿presupone* la *connotación* de los términos que designan la praxis que regula, de los cuales *establece* su *denotación*? Si así fuera, ¿sería o no una regla nómico-constitutiva? ("reglas nómico-constitutivas": reglas que *ponen* condiciones *necesarias y suficientes* de aquello sobre lo que versan).

1.1. EL PLANTEAMIENTO DE LA PARADOJA

1.1.1. *El art. 88 de la Constitución danesa como regla noético-constitutiva*

El art. 88 de la Constitución danesa es para Ross, de acuerdo con su planteamiento inicial, una regla noético-constitutiva, una regla que (ontológicamente) es condición necesaria y suficiente del ordenamiento jurídico, una regla que (semióticamente) determina la connotación de los términos que designan la praxis jurídica que regula. Y, en tanto que norma fundamental del ordenamiento, su carácter paradójico estaría en relación con la propia *paradoja deóntica de la norma fundamental.*

Conforme a la *paradoja deóntica de la norma fundamental,* la norma fundamental, al establecer que toda norma debe fundar su validez en una norma superior, establece su propia invalidez, ya que no existe ninguna norma superior a la norma fundamental. Reformulada en términos de una teoría de la validez, la paradoja deóntica de la norma fundamental se convierte en aporía: una teoría de la validez basada en que toda norma debe fundar su validez en una norma superior no tiene sentido si la norma suprema no posee fundamento de validez, lo que sucesivamente provoca la invalidez de todas las normas del ordenamiento[3].

De acuerdo con el planteamiento de Ross, parecería entonces que la paradoja provocada por la hipotética derogación del art. 88 hereda las contradicciones de la paradoja y de la aporía de la norma fundamental, y a ellas les añade las suyas propias. Si se deroga el art. 88 sustituyéndolo por un hipotético art. 88', nos enfrentamos al problema de que la nueva norma fundamental no funda tampoco su validez en una norma superior; la funda en una norma no superior (el art. 88) que establece unas pautas de validez e invalidez precisamente incompatibles con las que establece el propio art. 88'.

1.1.2. *El art. 88 de la Constitución danesa como regla nómico-constitutiva*

Considerar la regla que regula la revisión constitucional como la norma

3 Cf. Amedeo G. Conte, *Ricerca (d'un paradosso deóntico,* 1974, pp. 501-502.

fundamental del ordenamiento agrava, a primera vista, la paradoja que estoy analizando. No obstante, en mi opinión el problema no surge porque Ross considera que el art. 88 de la Constitución de Dinamarca es la norma fundamental del ordenamiento jurídico danés, sino porque Ross no es coherente con tal consideración cuando pretende demostrar la autorreferencia y el carácter contradictorio del mencionado artículo.

1.1.2.1. ***La autorreferencia del art. 88***

El art. 88 de la Constitución danesa es el único cauce jurídico para la derogación de cualquier precepto constitucional, incluido el propio art. 88. A juicio de Ross, el art. 88 carece de significado, conforme a la "teoría de los tipos" de Bertrand Russell, porque atribuye un predicado a una expresión construida en un determinado lenguaje por medio de otra expresión construida en el mismo lenguaje, y no en un lenguaje de orden superior, en un metalenguaje. La paradoja surge por aceptar que una sucesión de objetos puede contener miembros sólo definibles mediante la sucesión en su totalidad[4].

De hecho, el art. 88 se podría intentar expresar del siguiente modo: "el art. 1 de la Constitución (que establece que...) puede derogarse o modificarse a través del procedimiento P; el art. 2 de la Constitución (que establece que...) puede derogarse o modificarse a través del procedimiento P; el art. 88 de la Constitución (que establece que el art. 1 de la Constitución (que establece que...)...)"[5]. El art. 88 no podría nunca terminar de formularse (no podría "usarse", no podría expresarse lingüísticamente) porque cada vez que se citara (cada vez que "se mencionara", cada vez que se expresara metalingüísticamente) debería iniciarse la serie.

Así considerado, el art. 88 no determina la connotación de los términos que designan la praxis que regula, no alude a las características o propiedades de los objetos a los que se refiere, sino al conjunto de objetos en sí mismos, respecto a los cuales *presupone* su *connotación* y *establece* su *denotación*. A pesar de comenzar hablando del art. 88 como norma fundamental, como regla noético-constitutiva, Ross lo formula como regla hipotético-constitutiva, como regla que pone condiciones de aquello sobre lo que versa; en particular, como regla nómico-constitutiva, como regla que *pone condiciones necesarias y suficientes* de aquello sobre lo que versa.

1.1.2.2. ***La inferencia contradictoria basada en el art. 88***

Además de autorreferente, el art. 88 es, para Ross, contradictorio porque su derogación y sustitución por un hipotético art. 88′ exige, a la vez, el cumplimiento de los requisitos que establece el art. 88 y el cumplimiento de requisitos diferentes establecidos por el art. 88′.

A juicio de Ross, una inferencia lógica relativa a la validez de una nueva norma (y a la invalidez de la norma derogada que sustituye) debería aludir, como premisa mayor, a las condiciones de validez (e invalidez) puestas por una regla de competencia; como premisa menor, al cumplimiento de tales condiciones; y, como conclusión, a la validez de la norma promulgada (y a la

4 Alf Ross, *On Self-Reference and a Puzzle in Constitutional Law,* 1969, pp. 7 ss.. Cf. Ricardo Guibourg, *La autorreferencia normativa y la continuidad constitucional,* 1983, pp. 184 ss..

5 Alf Ross, *On Self-Reference and a Puzzle in Constitutional Law,* 1969, pp. 9 ss..

invalidez de la norma derogada). Pero la validez del art. 88′ (y la invalidez del art. 88) estaría basada en la inferencia que Ross construye así[6]:

> [1] "La Constitución puede revisarse a través de un procedimiento que debe estar de acuerdo con las condiciones Cl, C2 y C3, y sólo a través de este procedimiento" (art. 88).
>
> [2] "El art. 88′ (que establece que la Constitución puede revisarse a través de un procedimiento que debe estar de acuerdo con las condiciones Cl′, C2′ y C3′, y sólo a través de este procedimiento) ha sido promulgado de conformidad con las condiciones Cl, C2 y C3" (promulgación que es simultánea a la derogación, de acuerdo con las condiciones Cl, C2 y C3, del art. 88).
>
> [3] "El art. 88′ es válido [y el art. 88 es inválido], por lo que la Constitución puede revisarse a través de un procedimiento que debe estar de acuerdo con las condiciones Cl′, C2′ y C3′, y sólo a través de este procedimiento".

A juicio de Ross, esta inferencia es lógicamente absurda porque la conclusión contradice la premisa mayor. No me interesa de momento discutir si Ross tiene o no razón, ni tampoco cuestionar la validez de la inferencia por deducir un enunciado *adeóntico* de un enunciado deóntico, sino resaltar que, tal como se desprende de su formulación en la premisa mayor, el art. 88 no es condición necesaria y suficiente de aquello sobre lo que versa (no es una regla noético-constitutiva), no *determina* la *connotación* de los términos que designan la praxis de la reforma constitucional, sino que *pone* condiciones necesarias de aquello sobre lo que versa, *presupone* la *connotación* y *determina* la *denotación* de los términos que designan la praxis de la reforma constitucional, de la cual pone condiciones de validez. En contra de lo que el propio Ross había afirmado anteriormente, al art. 88, así considerado, no es la norma fundamental del ordenamiento jurídico danés.

En otras palabras: (i) Cuando Ross, al comienzo de su artículo, considera el art. 88 como la norma fundamental del ordenamiento jurídico danés y discute el problema del fundamento de su validez, asume implícitamente el art. 88 como condición de *validez* e *invalidez sintáctica,* validez e invalidez cuestionadas por la paradoja y por la aporía de la norma fundamental. (En deóntica, la validez *sintáctica* es relativa a las reglas constitutivas del ordenamiento que determinan la *sintaxis* de validez), (ii) Cuando Ross construye la inferencia contradictoria basada en el art. 88 y analiza su autorreferencia, asume implícitamente el art. 88 como condición de validez *pragmática* de actos deónticos; esto es, como regla hipotético-constitutiva, y, en concreto, como regla nómico-constitutiva, como regla que pone condiciones necesarias y suficientes de aquello sobre lo que versa.

1.2. *LA SOLUCIÓN DE LA PARADOJA*

Si aceptamos que el art. 88 de la Constitución danesa es una regla nómico-constitutiva, y no una regla noético-constitutiva (si aceptamos que es *una*

6 Alf Ross, *On Self-Reference and a Puzzle in Constitutional Law,* 1969, pp. 4 ss..

cualificada norma de competencia, pero no *la* norma fundamental), evitamos las consecuencias de la paradoja y de la aporía de la norma fundamental. Pero, aparentemente, la paradoja de la reforma constitucional sigue en pie; la autorreferencia y la contradictoria validez del art. 88 no se evitan por el mero hecho de descartar su carácter de norma fundamental.

A diferencia del planteamiento inicial de Ross, que a mi juicio es ambiguo y confuso por considerar el art. 88, indistintamente, como regla noético-constitutiva y como regla nómico-constitutiva (como norma fundamental y como norma de competencia), creo que la solución que el propio Ross ofrece para resolver la paradoja es acertada.

1.2.1. ***Metanormatividad***

Al exponer su propuesta de solución de la paradoja, Ross parte de que en los sistemas normativos deductivos no existe ningún procedimiento jurídico para derogar la norma fundamental, que como base última de todas las deducciones no es en sí misma deducible. Pero, como ahora sí acepta Ross explícitamente, el art. 88, aunque constituye la autoridad suprema del ordenamiento jurídico, puede no ser la norma fundamental. Puede existir una norma superior que, a pesar de no establecer ningún procedimiento para derogar el art. 88 ni para constituir una autoridad superior a la constituida por el art. 88, sea la norma fundamental del sistema en tanto que confiera al art. 88 una validez condicional. La norma fundamental no transferiría la competencia de constituir la autoridad suprema del ordenamiento jurídico al art. 88, sino que "delegaría" tal competencia sin perderla[7].

Considerado como regla nómico-constitutiva, como regla que no *es* condición necesaria y suficiente de validez e invalidez (ya que es una regla *condicionada* por la norma fundamental, por una regla noético-constitutiva), sino que *pone* condiciones necesarias y suficientes de validez e invalidez, el art. 88 no es autorreferente porque se refiere a la norma fundamental. No carece de significado porque atribuye un predicado a una expresión lingüística a través de otra expresión construida en un metalenguaje, en un lenguaje de diferente nivel.

En efecto, como ha resaltado Conte, para expresar el carácter deóntico de un sistema no se puede recurrir al propio lenguaje deóntico. Un conjunto de normas forma un sistema normativo si, y sólo si, tienen un único y mismo fundamento de validez, pero el criterio de validez no es en sí mismo una norma jurídica (por ejemplo, una regla nómico-constitutiva), sino una norma metajurídica, una regla noético- constitutiva, que se expresa a un nivel lingüístico diferente[8].

Pensemos de nuevo en el art. 167.1 de la Constitución española:

> Art. 167.1: "Los proyectos de reforma constitucional deberán ser aprobados por una mayoría de tres quintos de cada una de las Cámaras".

El art. 167.1 no es (aunque aceptemos, como hipótesis teórica, que sea

7 Alf Ross, *On Self-Reference and a Puzzle in Constitutional Law*, 1969, pp. 19 ss..

8 Amedeo G. Conte, *Codici deontici*, 1976, pp. 19-21.

la única norma del Título X de la Constitución) la norma fundamental del ordenamiento jurídico español, sino que presupone una norma tácita, que sí sería la norma fundamental, y que podría explicitarse así:

> "Se debe seguir el procedimiento establecido en el art. 167.1 de la Constitución para derogar, modificar o promulgar normas constitucionales hasta que a través de dicho procedimiento se establezca un procedimiento diferente; entonces se debe seguir este último procedimiento hasta que a través del mismo se establezca un procedimiento diferente, y así sucesivamente".

Esta norma tampoco es autorreferente, porque se refiere al art.

167.1. Como regla noético-constitutiva, es condición necesaria y suficiente de la praxis jurídica, determina la connotación de los términos que designan la praxis jurídica que regula. Dicha connotación es presupuesta por el art. 167.1, que, como regla nómico-constitutiva, establece la denotación de tales términos al poner condiciones necesarias y suficientes de validez e invalidez de las normas jurídicas.

Supongamos que los legisladores deciden derogar el art. 167.1 sustituyéndolo por el art. 167.1':

> Art. 167.1': "Los proyectos de reforma constitucional deberán ser aprobados por mayoría simple del Congreso de Diputados".

Una inferencia relativa a la validez del art. 167.1' (y a la invalidez del art. 167.1) no sería entonces semejante a la construida por Ross:

> [4] "Se debe seguir el procedimiento establecido en el art. 167.1 de la Constitución para derogar, modificar o promulgar normas constitucionales hasta que a través de dicho procedimiento se establezca un procedimiento diferente; entonces se debe seguir este último procedimiento hasta que a través del mismo se establezca un procedimiento diferente, y así sucesivamente".

> [5] "Se promulga el art. 167.1' (y se deroga el art. 167.1) siguiendo lo establecido en [4] (es decir, se cumplen las condiciones citadas en el art. 167.1 para anular la validez del procedimiento que el propio art. 167.1 establece, y dar validez al procedimiento que establece el art. 167.1')".

> [6] "El art. 167.1' es una norma válida (y el art. 167.1 es una norma inválida)".

A pesar de su coincidencia sintáctica, [4] no es la citada norma fundamental, sino un enunciado (adeóntico) que describe lo que establece la norma fundamental. De hecho, este enunciado podría reformularse explicitando su contexto de referencia (la derogación, modificación o promulgación de normas constitucionales válidas de acuerdo con la norma fundamental), con lo que resaltaría su carácter metalingüístico: [4] "Para derogar, modificar o promulgar una norma constitucional válida, de acuerdo con la norma fundamental, 'se debe seguir el procedimiento establecido en el art. 167.1 de la Constitución para derogar, modificar o promulgar normas constitucionales hasta que a través de dicho procedimiento se establezca un procedimiento diferente; entonces se debe seguir este último procedimiento hasta que a través del mismo se establezca un procedimiento diferente, y así sucesivamente'".

La inferencia [4]-[6] no es contradictoria, a diferencia de la construida por Ross al plantear la paradoja ([1]-[3]). En la inferencia [1]- [3], [3] contradice a [1] (véase el epígrafe 1.1.2.2.), pero [6] no contradice a [4] porque la premisa mayor [4] no alude a la norma que regula la revisión constitucional, sino a la norma fundamental del ordenamiento; en particular, [4] no *es* la norma que regula la revisión constitucional, sino que *describe* la norma fundamental del ordenamiento; [4], [5] y [6] son todos enunciados *adeónticos* (a diferencia de [1], enunciado *deóntico*), por lo que se puede inferir [6] de [4] sin ignorar la "gran división" entre *ser* y *deber ser* (algo que sí ocurría al inferir [3] de [1]).

1.2.2. ***Dos argumentos contra la solución de Ross***

Para Guastini, la solución ofrecida por Ross para resolver el "puzzle" que él mismo propuso (solución que yo he tratado de reformular en relación con el art. 167.1 de la Constitución española a través de la inferencia [4]-[6]) es excesivamente ambiciosa y emplea medios des proporcionados respecto a sus fines: a la vez que se dirige contra la *paradoja* de la *regla de reforma constitucional,* pretende combatir la *paradoja* y la *aporía* de la *norma fundamental.* En concreto, Guastini se opone a la solución de Ross por las siguientes dos razones:

(i) Para resolver la paradoja de la regla de revisión constitucional no es necesario apelar a una norma superior al art. 167.1 (obviamente, traslado a la Constitución española las referencias de Guastini al art. 138 de la Constitución italiana). Sería suficiente reformular el art.

167.1 mediante la explicitación de la norma fundamental tácita del ordenamiento jurídico español[9]:

> "Para derogar, modificar o promulgar normas constitucionales los proyectos deberán ser aprobados por una mayoría de tres quintos de cada una de las Cámaras hasta que a través de dicho procedimiento se establezca un procedimiento diferente; entonces se debe seguir este último procedimiento hasta que a través del mismo se establezca un procedimiento diferente, y así sucesivamente".

(ii) Apelar a una norma tácita superior al art. 167.1 podría servir para fundamentar su validez y, si el art. 167.1 es considerado la norma fundamental, para resolver la aporía de la norma fundamental, pero no sirve para resolver la paradoja de la regla de revisión constitucional, porque el art. 167.1 continúa siendo autorreferente y contradictorio[10].

En definitiva, para Guastini, la norma fundamental tácita a la que hace referencia Ross es una reiteración de la norma fundamental expresa, empírica (en el ordenamiento jurídico español, el art. 167.1 de la Constitución). La solución de la paradoja no debe seguir ese rumbo, sino partir de la idea de que el art. 167.1, aunque desde el punto de vista empírico es parte material de la Constitución, desde el punto de vista lógico se sitúa a un nivel metalingüístico y supraconstitucional, por lo que no se puede aplicar para derogarse a sí

9 Riccardo Guastini, *Questioni di deontica in Ross,* 1981, pp. 493 ss..

10 Riccardo Guastini, *Questioni di deontica in Ross,* 1981, p. 496.

mismo. En palabras de Guastini: "la norma del art. 138 [de la Constitución italiana] es la norma constitutiva del juego llamado 'ordenamiento jurídico italiano'. Por más que nos digan los juristas, el cambio de esta norma, ocurriera como ocurriera (incluso en la forma que la propia norma prescribe), fundaría un juego distinto"[11].

1.2.3. *Crítica de la crítica a Ross*

1.2.3.1. *Crítica del primer argumento*

Como se deduce de su primer argumento crítico contra Ross, Guastini considera que la paradoja derivada de su "puzzle" se evitaría si el art. 138 de la Constitución italiana (y, análogamente, el art. 167.1 de la Constitución española) se identificara con la propia norma fundamental, si se reformulara como norma fundamental. Guastini se sitúa, entonces, en una posición similar a la mantenida por Ross al explicar la paradoja al comienzo de su artículo[12], e incurre también en el error de considerar a la vez la regla de revisión constitucional como regla noético-constitutiva y como regla nómico-constitutiva (como *la* norma fundamental y como *una* norma de competencia).

1.2.3.1.1. *El problema de la autorreferencia*

Como consecuencia de este error (el error consistente en considerar a la regla de revisión constitucional indistinta y simultáneamente como regla noético-constitutiva y como regla nómico-constitutiva, como norma fundamental y como norma de competencia), el art.

167.1 no podría librarse de la autorreferencia:

(i) Ni *refiriéndose* a una norma *superior,* ya que el art. 167.1 sería en sí mismo la norma suprema del ordenamiento, sería condición necesaria y suficiente de todo el ordenamiento y no estaría condicionada por ninguna otra norma.

(ii) Ni *refiriéndose* a una norma *inferior,* ya que el art. 167.1 es también en sí mismo una norma más del ordenamiento, una regla nómico-constitutiva condicionada, como las restantes normas del ordenamiento, por una regla noético-constitutiva, por la norma fundamental.

En suma, los dos niveles lingüísticos se mezclarían en el art. 167.1, que quedaría sin significado por ser autorreferente.

1.2.3.1.2. *El problema de la inferencia contradictoria*

La validez del hipotético art. 167.1' (y la invalidez del art. 167.1) se basaría, de aceptar la tesis de Guastini, en una inferencia lógica que sería contradictoria, aunque no exactamente por los mismos motivos que la inferencia propuesta por Ross en la primera parte de su artículo para demostrar el carácter paradójico del art. 88 de la Constitución danesa.

La inferencia que construye Ross es contradictoria porque su premisa mayor es el art. 88, pero, de acuerdo con el planteamiento de Guastini, tal premisa

---

11 Riccardo Guastini, *Questioni di deontica in Ross,* 1981, pp. 496-497.

12 Alf Ross, *On Self-Reference and a Puzzle in Constitutional Law,* 1969, pp. 1 ss. (véase el epígrafe 1.1.).

mayor no debería *ser* el art. 88, sino *referirse* al art. 88, *describir* el art. 88 (no debería ser deóntica, sino *adeóntica*). Posiblemente, Guastini confiaba en esta solución porque de esta forma ya no se deduciría un enunciado *adeóntico* de un enunciado *deóntico,* como sí ocurría en la inferencia de Ross. Sin embargo, este "salto" del *deber ser* al *ser,* aunque podría provocar la invalidez de la inferencia, no es el causante de su carácter contradictorio.

Para salvar la contradicción, no basta con convertir en descriptiva la premisa mayor (convertirla en un enunciado *adeóntico* que describe lo que establece el art. 167.1), sino que la premisa mayor debe referirse (descriptivamente) a una norma superior al art. 167.1 (la norma fundamental) que constituya su criterio de *invalidez* (a una norma superior al art. 167.1' que constituya su criterio de *validez*). La premisa mayor debe ser un enunciado adeóntico que describa lo que establece la norma fundamental.

La inferencia que podría construirse en base al planteamiento de Guastini coincidiría con la que Ross construye posteriormente, al solucionar la paradoja, y con la que yo he construido (en el epígrafe 1.2.1.) en que la premisa mayor sería descriptiva, no prescriptiva (no sería un enunciado deóntico, sino un enunciado adeóntico). Pero coincidiría con la inferencia construida por Ross al plantear inicialmente la paradoja en considerar la regla de revisión constitucional, en la premisa mayor, como regla *nómico-constitutiva* (como cualificada norma de competencia), no como regla *noético-constitutiva* (no como norma fundamental), por lo que no dejaría de ser contradictoria.

1.2.3.2. ***Crítica del segundo argumento***

De acuerdo con el segundo argumento de Guastini, tan autorreferente y contradictorio es el art. 167.1 de la Constitución española considerado regla *constitutiva* (concretamente, considerado regla noético-constitutiva; más concretamente aún, considerado como la norma fundamental del ordenamiento jurídico español) como considerado regla *hipotético-constitutiva* (concretamente, considerado regla nómico-constitutiva; considerado como cualificada norma de competencia).

Ahora bien, el art. 167.1 puede, justamente en virtud de su propio seguimiento, dejar de ser válido sustituyéndose por otra norma (el hipotético art. 167.1', cuyo tránsito de la invalidez a la validez es simultáneo al tránsito de la validez a la invalidez del art. 167.1). Sin embargo, las reglas constitutivas *son condición* de aquello que regulan, *no son poste ñores* a los hechos que regulan *ni se infieren lógicamente* de la experiencia de las acciones que se realizan conforme a ellas.

Como ha resaltado Conte, el contenido específico de una regla constitutiva puede ser alterado, al igual que el contenido específico de una regla hipotético-constitutiva, por el seguimiento de la propia regla (por ejemplo, la regla constitutiva "Añadir un número al último número de la serie S vale como prosecución de S si el número añadido es superior a todos los números incluidos en S" ve alterado su contenido específico cada vez que se realiza una acción siguiendo la regla)[13], pero la regla constitutiva en sí misma no

13 Amedeo G. Conte, *Parerga Leibnitiana,* 1978, pp. 241-244. En *Parerga Leibnitiana,* Conte comenta la asimetría entre las reglas constitutivas y las reglas regulativas (Conte consideraba aún las reglas regulativas, ampliamente, como reglas no constitutivas,

puede ser alterada por su propio seguimiento. Cuando el art. 167.1 se aplica a sí mismo no cambia el contenido específico de la regla, sino que cambia la propia regla, siendo sustituida por otra, por el art. 167.1', por lo que no puede ser una regla constitutiva.

A diferencia de las reglas constitutivas, las reglas hipotético-constitutivas, como reglas que no *son* condición, sino que *ponen* condiciones de aquello sobre lo que versan, sí pueden ser sustituidas por otras en virtud de una acción realizada siguiendo las propias reglas, ya que regulan realidades preexistentes; en concreto, regulan realidades concebibles, posibles y perceptibles en tanto que han sido constituidas por reglas constitutivas, como por ejemplo la praxis de la derogación constitucional.

2. CONCLUSION

El art. 167.1, considerado regla hipotético-constitutiva (en concreto: considerado regla nómico-constitutiva, considerado como cualificada norma de competencia), no es paradójico si se *refiere* a una regla constitutiva (en concreto: a una regla noético-constitutiva, a la norma fundamental). La supuesta autorreferencia y el supuesto carácter contradictorio del art. 167.1 no sólo dependen, como parece deducirse de la tesis de Guastini, de su estructura intrínseca, sino, sobre todo, de cómo se relaciona con las restantes normas del ordenamiento y, en particular, con la norma fundamental.

Azzoni ha destacado que, con su crítica a Ross, Guastini, implícitamente, propone una forma diferente de considerar la norma fundamental desde la perspectiva de la teoría y tipología de las reglas constitutivas: como regla nómico-constitutiva[14]. A mi juicio no es así exactamente:

(i) En tanto que regla nómico-constitutiva (en tanto que regla que no *es* condición, sino que *pone* condiciones de la derogación y reforma constitucional), el art. 167.1 no *puede* ser la norma fundamental del ordenamiento, sino una norma condicionada por la norma fundamental, una norma que *no determina,* sino que *presupone* la *connotación* de los términos que designan la praxis de la derogación y reforma constitucional, términos de los que *determina* su *denotación.*

---

incluyendo en ellas las reglas hipotéticoconstitutivas) en dos sentidos:

(*i*) El contenido específico de una regla no constitutiva puede alterarse por una acción a través de la cual se cumpla la regla no constitutiva y por una

acción a través de la cual se incumpla la regla no constitutiva.

(*ii*) El contenido específico de una regla constitutiva puede alterarse por una acción a través de la cual se incumpla la regla constitutiva.

Por mi parte, trataré de explicitar otros dos sentidos de la mencionada asimetría que en *Parerga Leibnitiana* (nota 56) parecen estar sólo implícitos:

(*i*) Una regla no constitutiva puede ser sustituida por otra regla no constitutiva en virtud de una acción a través de la cual se cumpla la primera regla no constitutiva.

(*ii*) Una regla constitutiva no puede ser sustituida por otra regla constitutiva en virtud de una acción a través de la cual se cumpla la primera regla constitutiva.

14 Giampaolo M. Azzoni, *Il concetto di condizione nella tipologia delle regole,* 1988, pp. 78-79.

(ii) En tanto que norma fundamental, el art. 167.1 no *podría* ser una regla nómico-constitutiva, sino una regla noético-constitutiva (la norma fundamental no *pone* condiciones de la praxis jurídica, sino que *es* condición de la praxis jurídica; la norma fundamental *determina* la *connotación* de los términos que designan la praxis jurídica). Sería, además, una norma que carecería de sentido por ser autorreferente y contradictoria.

La paradoja se soluciona asumiendo que el art. 167.1 es una regla nómico-constitutiva, una norma cualificada de competencia (una regla que *pone* condiciones de *validez pragmática* de los actos de derogación y reforma constitucional) que es *sintácticamente válida* conforme a la norma fundamental. No es una regla noético-constitutiva, *no es* condición de *validez sintáctica* de la derogación y reforma constitucional, no es en sí misma la norma fundamental.

Si, como acabo de recalcar, el supuesto carácter paradójico de la norma que regula la derogación y reforma constitucional no sólo depende del hecho de que sea una regla nómico-constitutiva (de que sea una cualificada norma de competencia), sino también de su relación con la norma fundamental del ordenamiento, debe entonces rechazarse el segundo argumento crítico de Guastini, no sólo resaltando la importancia de apelar a una norma tácita en cuyo contexto se interprete la regulación de la derogación y reforma constitucional, sino asimismo destacando la conexión entre la *paradoja de la reforma constitucional* y la *aporía de la norma fundamental.*

En este sentido, llama la atención que sea precisamente en base a la "teoría de los tipos" de Russell como Conte soluciona la aporía de la norma fundamental.

Para Conte (*Validità*, 1975), esta aporía no sólo se puede evitar a través del concepto kelseniano de norma fundamental ("la norma fundamental es válida, en cuanto que, aunque no sigue pautas de validez fijadas en ninguna otra norma, es presupuesta válida como hipótesis lógico-trascendental"), sino también afirmando que la norma fundamental no es ni válida ni inválida; simplemente define la expresión "norma válida"[15].

De hecho, ya en *Studio per una teoria della validità,* 1970, Conte había destacado que la norma fundamental no es válida ni inválida, sino que define la validez, establece los criterios para determinar si las restantes normas del ordenamiento son o no son válidas. La norma fundamental es semejante a la barra que define lo que es el metro, que "sirve para medir cualquier distancia en metros, pero que no se puede, a su vez, medir en metros, porque no *tiene* la longitud de un metro, sino que *es* la longitud de un metro. [...] Si por algún cambio de temperatura se alargara o se acortara, la barra seguiría midiendo un metro a pesar de ser más larga o más corta que antes". La norma fundamental tampoco *tiene* validez, sino que *es* validez, y, si cambia, seguirá *siendo* validez[16].

15 Amedeo G. Conte, *Validità*, 1975, pp. 135-137.

16 Amedeo G. Conte, *Studio per una teoria della validità,* 1970, pp. 341 ss..

REFERENCIAS BIBLIOGRAFICAS

Alarcón Cabrera, Carlos, *Constitutive Derogation.* En: *Proceedings of the Conference "Towards a Global Expert System in Law"*. Padova, Cedam, 1995.

Alarcón Cabrera, Carlos, *Normas y paradojas.* Madrid, Tecnos, 1993.

Alarcón Cabrera, Carlos, *Normas y paradojas.* Madrid, Tecnos, 1993.

Alarcón Cabrera, Carlos, *On Contian Deontics.* "European Journal of Law, Philosophy and Computer Science", 1995 (17th IVR World Congress. Bologna, 16-21 June, 1995: *Challenges to Law at the end of the 20th Century*), vol. 5, pp. 186-196.

Alarcón Cabrera, Carlos, *Sobre el concepto y tipología de las reglas constitutivas.* "Anuario de filosofía del derecho", 8 (1991), pp. 273-295.

Alarcón Cabrera, Carlos, *Validez pragmática. Una discusión con A. G. Conte.* "Rivista internazionale di filosofía del diritto", 70 (1993), pp. 341-354.

Alarcón Cabrera, Carlos, *Validez pragmática. Una discusión con A. G. Conte.* En: "Rivista Internazionale di Filosofia del Diritto", 70 (1993), pp. 341-354.

Alarcón Cabrera, Carlos, *Validità semanticá e sillogismo normativo.* "Materiali per una storia della cultura giuridica", 25 (1995), pp. 209-221.

Alarcón Cabrera, Carlos, *Validità sintattica* vs *invalidità sintattica in Theodor Geiger.* "Rivista internazionale di filosofia del diritto", 71 (1994), pp. 373-384.

Alarcón Cabrera, Carlos, *Validità sintattica vs. invalidità sintattica in Theodor Geiger.* "Rivista intemazionale di filosofia del diritto", 71 (1994), pp. 373-384.

Alchourrón, Carlos E. / Bulygin, Eugenio, *Sobre la existencia de las normas jurídicas.* Valencia (Argentina), Oficina latinoamericana de investigaciones jurídicas y sociales, 1979.

Alchourrón, Carlos E. / Bulygin, Eugenio, *Sobre la existencia de las normas jurídicas.* Valencia (Argentina), Oficina Latino-americana de Investigaciones jurídicas y sociales, 1979.

Alchourrón, Carlos E. / Bulygin, Eugenio, *The Expressive Conception of Norms.* En: Hilpinen, Risto (ed.), *New Studies in Deontic Logic.* Dordrecht, Reidel 1981, pp. 95-124.

Alchourrón, Carlos E. / Bulygin, Eugenio, *Un modello per la dinamica dei sistemi normativi.* En: Martino, Antonio A. (ed.), *Logica, Informatica, diritto.* Firenze, Le Monnier, 1978, vol. 1, pp. 133-143.

Alchourrón, Carlos E. / Bulygin, Eugenio, *Unvollständigkeit, Widersprüchlichkeit und Unbestimmtheit der Normenordnungen.* En: Conte, Amedeo G. /

Hilpinen, Risto / Wright, Georg Henrik von (eds.), *Deontische Logik und Semantik.* Wiesbaden, Athcnaion, 1977, pp. 20-32.

Alchourrón, Carlos E., *Normative Order and Derogation.* En: Martino, Antonio A. (ed.), *Deontic Logic, Computational Linguistics and Legal Information Systems.* Amsterdam-New York-Oxford, 1982.

Ambrosoli, Lodovico, *Giurisprudenza filosofica.* Milano, Carlo Turati, 1846.

Aristóteles, *De partibus animalium.* Traducción italiana de Mario Vegetti y Diego Lanza: *Parti degli animali.* En: Aristóteles, *Parti degli animali, Riproduzione degli animali.* Bari, Laterza, 1984, pp. 1-149.

Austin, John Langshaw, *How to Do Things with Words.* London, Oxford University Press, 1962.

Azzoni, Giampaolo M., *Abrogazione, regole costitutive, validità.* En: Luzzati, Claudio (ed.), *L'abrogazione delle leggi. Un dibattito analitico.* Milano, Giuffrè, 1987, pp. 33-37.

Azzoni, Giampaolo M., *Cognitivo e Normativo: il Paradosso delle Regole Tecniche.* Milano, FrancoAngeli, 1991.

Azzoni, Giampaolo M., *Condizioni costitutive.* "Rivista intemazionale di filosofía del diritto", 63 (1986), pp. 160-195.

Azzoni, Giampaolo M., *Condizioni costitutive.* "Rivista intemazionale di filosofia del diritto", 63 (1986), pp. 160-195.

Azzoni, Giampaolo M., *Condizioni costitutive.* "Rivista internazionale di filosofia del diritto", 63 (1986), pp. 160-195.

Azzoni, Giampaolo M., *Gli universali delle relazioni giuridiche.* Ponencia presentada al Congreso *Logos* (Firenze, octubre 1993). [Próxima edición.]

Azzoni, Giampaolo M., *Il concetto di condizione nella tipologia delle regole.* Padova, Cedam, 1988.

Azzoni, Giampaolo M., *Il concetto di condizione nella tipologia delle regole.* Padova, CEDAM, 1988.

Azzoni, Giampaolo M., *Il concetto di condizione nella tipologia delle regole.* Padova, Cedam, 1988.

Azzoni, Giampaolo M., *Il concetto di condizione nella tipologia delle regole.* Padova, Cedam, 1988.

Azzoni, Giampaolo M., *Interpretazioni di Hohfeld.* "Materiali per una storia della cultura giuridica", 24 (1994), pp. 443-487.

Azzoni, Giampaolo M., *Interpretazioni di Hohfeld.* "Materiali per una storia della cultura giuridica", 24 (1994), pp. 443-487.

Azzoni, Giampaolo M., *Validità semantica in deontica.* "Rivista internazionale di filosofía del diritto", 69 (1992), pp. 166-177.

Barberis, Mauro, *Regole e linguaggio.* En Comanducci, Paolo / Guastini, Riccardo (eds.), *Analisi e diritto.* Torino, Giappichelli, 1990, pp. 9-27.

Bobbio, Norberto, *Formalismo giuridico e formalismo etico.* En: Bobbio, Norberto, *Studi sulla teoria generale del diritto.* Torino, Giappichelli, 1955, pp. 145-162.

Bobbio, Norberto, *Scienza del diritto e analisi del linguaggio.* "Rivista trimestrale di diritto e procedura civile", 4 (1950), pp. 342-367. Reedición parcial en: Scarpelli, Uberto / Di Lucia, Paolo (eds.). *Il linguaggio del diritto.* Milano, LED, 1994, pp. 95-112.

Bobbio, Norberto, *Teoria dell'ordinamento giuridico.* Torino, Giappichelli, 1960.

Bon, Fred, *Uber das Sollen und das Gute. Eine begriffsanalytische Studie.* Leipzig, Wilhelm Engelmann, 1898.

Broad, Charlie Dunbar, *Ethics.* Edición a cargo de Casimir Lewy. Dordrecht, Martinus Nijhoff Publishers, 1985.

Brunetti, Giovanni, *Norme e regole finali nel diritto.* Torino, UTET, 1913. Reedición: Napoli, Edizioni Scientifiche Italiane, 1979.

Bulygin, Eugenio, *Norms, Normative Propositions, and Legal Statements.* En: Floistad, G. (ed.), *Contemporary Philosophy. A New Survey.* The Hague-Boston-London, Martinus Nijhoff, 1982, vol. III, pp. 127-152.

Bulygin, Eugenio, *Time and Validity.* En: Martino, Antonio A. (ed.), *Deontic Logic, Computational Linguistics and Legal Information Systems.* Amsterdam-New York-Oxford, North-Holland, 1982, pp. 65-81.

Capozzi, G., *Temporalità e norma.* Napoli, Jovene, 1979.

Carcaterra, Gaetano, *La "Grande Divisione", sí e no.* "Rivista di filosofía", 67 (1976), pp. 26-73.

Carcaterra, Gaetano, *La forza costitutiva delle norme,* Roma, Bulzoni, 1979. Conte, Amedeo G., *Aspekte der Semantik der deontischen Sprache.* En: Conte, Amedeo G. / Hilpinen, Risto / Wright, Georg Henrik von (eds.), *Deontische Logik und Semantik.* Wiesbaden, Athenaion, 1977, pp. 59-73. Conte, Amedeo G, *Aspetti della semantica del linguaggio deóntico.* En: di Bernardo, Giuliano (ed.), *Logica deontica e semantica.* Bologna, Il Mulino, 1977, pp. 147-165.

Carcaterra, Gaetano, *La forza costitutiva delle norme.* Roma, Bulzoni, 1979.

Carcaterra, Gaetano, *Le norme costitutive.* Milano, Giuffré, 1974.

Carcaterra, Gaetano, *Le norme costitutive.* Milano, Giuffrè, 1974.

Carcaterra, Gaetano, *Una replica.* "Rivista di filosofía", 67 (1976), pp. 143-168.

Castañeda, Héctor-Neri, *Thinking and Doing: The Philosophical Foundation of Institutions.* Dordrecht, Reidel, 1975.

Conso, Giovanni, *Il concetto e le specie d'invalidità.* Milano, Giuffrè, 1955.

Conte, Amedeo G. / Alarcón Cabrera, Carlos, *Deóntica de la validez.* Madrid, Tecnos, 1995.

Conte, Amedeo G. / Di Lucia, Paolo, *Thetic Function of Deontic Terms.* "European Journal of Law, Philosophy and Computer Science", 1995 (17th IVR World Congress. Bologna, 16-21 June, 1995: *Challenges to Law at the end of the 20th Century*), vol. 5, pp. 220-221.

Conte, Amedeo G. / Mazzarese, Tecla, *Regole fondate su regole.* "Nuova civiltà delle machine", 3 (1985), 1-2 (9-10), pp. 61-63. Edición inglesa: *Rules founded on Rules.* En: Faralli, Carla, y Pattato, Enrico (eds.), *Reason in Law.* Milano, Giuffrè, 1988, pp. 283-288.

Conte, Amedeo G., *Aspekte der Semantik der deontischen Sprache*. En: Conte, Amedeo G. / Hilpinen, Risto / Wright, Georg Henrik von (eds.), *Deontische Logik und Semantik*. Wiesbaden, Athenaion, 1977, pp. 59-73.

Conte, Amedeo G., *Aspekte der Semantik der deontischen Sprache*. En: Conte, Amedeo G. / Hilpinen, Risto / Wright, Georg Henrik von (eds.), *Deontische Logik und Semantik*. Wiesbaden, Athenaion, 1977, pp. 59-73.

Conte, Amedeo G., *Aspetti della semantica del linguaggio deóntico*. En: di Bernardo, Giuliano (ed.), *Logica deontica e semantica*. Bologna, Il Mulino, 1977, pp. 147-175. Reedición en: Conte, Amedeo G., *Filosofia del linguaggio normativo I. Studi 1965-1981*. Torino, Giappichelli, 1989, pp. 171-191.

Conte, Amedeo G., *Aspetti della semantica del linguaggio deóntico*. En: di Bernardo, Giuliano (ed.). *Logica deontica e semantica*. Bologna, Il Mulino, 1977, pp. 147-175. Reedición en: Conte, Amedeo G., *Filosofia del linguaggio normativo I. Studi 1965-1981*. Torino, Giappichelli, 1989, pp. 171-191.

Conte, Amedeo G., *Codici deontici*. En: *Intorno al "codice". Atti del terzo convegno della AISS Associazione italiana di studi semiotici (Pavia, 1975)*. Firenze, La Nuova Italia, 1976, pp. 13-25.

Conte, Amedeo G., *Codici deontici*. En: *Intorno al "codice". Atti del terzo convegno della Associazione italiana di studi semiotici (Pavia, 1975)*. Firenze, La Nuova Italia, 1976, pp. 13-25. Reedición en: Conte, Amedeo G., *Filosofia del linguaggio normativo I. Studi 1965-1981*. Torino, Giappichelli, 1989, pp. 147-161.

Conte, Amedeo G., *Costitutività di regole*. En: *Digesto. IV edizione*. Torino, UTET, vol. 4, 1989, col. 462-465.

Conte, Amedeo G., *Costitutività di regole*. En: *Digesto. IV edizione*. Torino, UTET, vol. 4, 1989, col. 462-465.

Conte, Amedeo G., *Décision, complétude, clôture*. "Logique et analyse", 9 (1966), pp. 1-18.

Conte, Amedeo G., *Deon in Deontics*. "Ratio Iuris", 4 (1991), pp. 349-354.

Conte, Amedeo G., *Deontica aristotelica*. "Rivista intemazionale di filosofia del diritto", 69 (1992), pp. 178-252.

Conte, Amedeo G., *Deontica aristotelica*. "Rivista internazionale di filosofia del diritto", 69 (1992), pp. 178-252.

Conte, Amedeo G., *Deóntica de la negación en Jerzy Sztykgold*. Traducción castellana de Carlos Alarcón Cabrera. "Theoria", 22 (1995), pp. 163-190.

Conte, Amedeo G., *Deontica wittgensteiniana*. En: Gargani, Aldo G. (ed.), *Wittgenstein contemporaneo*. Genova, Marietti, 1993, pp. 115-156.

Conte, Amedeo G., *Eîdos. An Essay on Constitutive Rules*. En: di Bernardo, Giuliano (ed.), *Normative Structures of the Social World*. Amsterdam, Rodopi, 1988, pp. 251-257.

Conte, Amedeo G., *Eîdos. An Essay ornConstitutive Rules*. En: di Bernardo, Giuliano (ed.), *Normative Structures of the Social World*. Amsterdam, Rodopi, 1988, pp. 251-257.

Conte, Amedeo G., *Experimente mit der Fachsprache der Deontik*. En: Petöfi, János S. / Podlech, Adalbert / Savigny, Eike von (eds.), *Fachsprache-*

Umgangssprache. Kronberg im Taunus, Scriptor Verlag, 1975, pp. 225-244.

Conte, Amedeo G., *Experimente mit der Fachsprache der Deontik*. En: Petöfi, János S. / Podlech, Adalbert / Savigny, Eike von (eds.), *Fachsprache-Umgangssprache*. Kronberg im Taunus. Scriptor Verlag, 1975, pp. 225-244.

Conte, Amedeo G., *Fenomeni di fenomeni*. "Rivista internazionale di filosofía del diritto", 63 (1986), pp. 29-57.

Conte, Amedeo G., *Filosofía del linguaggio normativo I. Studi 1965-1981*. Torino, Giappichelli, 1989, pp. 17-30.

Conte, Amedeo G., *Filosofía del linguaggio normativo I. Studi 1965-1981*. Torino, Giappichelli, 1989.

Conte, Amedeo G., *Filosofia del linguaggio normativo I*. Torino, Giappichelli, 1989.

Conte, Amedeo G., *Filosofia del linguaggio normativo II. Studi 1982-1994*. Torino, Giappichelli, 1994.

Conte, Amedeo G., *Forma pelformativa*. Traducción castellana de Carlos Alarcón Cabrera. "Anuario de filosofía del derecho", 11 (1994), pp. 381-392.

Conte, Amedeo G., *Forma performativa*. "Anuario de filosofía del derecho", 11 (1994), pp. 381-392.

Conte, Amedeo G., *Forma performativa*. Traducción castellana de Carlos Alarcón Cabrera. "Anuario de filosofía del derecho", 11 (1994), pp. 381-392.

Conte, Amedeo G., *In margine all'ultimo Kelsen*. "Studia ghisleriana", serie I, 4 (1967), pp. 113-125. Reedición con algunas modificaciones en: Guastini, Riccardo (ed.). *Problemi di teoria del diritto*. Bologna, Il Mulino, 1980, pp. 197-208. Reedición de la segunda edición en: Conte, Amedeo G., *Filosofia del linguaggio normativo I. Studi 1965-1981*. Torino, Giappichelli, 1989, pp. 17-30.

Conte, Amedeo G., *Konstitutive Regeln und Deontik*. En: Morscher, Edgar / Stranzinger, Rudolf (eds.), *Ethik*. Wien, Hölder-Pichler-Tempsky, 1981,

Conte, Amedeo G., *L'enjeu des regles*. "Droit et Sociéte", 17-18 (1991), pp. 122-143. Reedición en: Ost, Francois / van der Kerchove, Michel (eds.), *Le jeu*. Paris, LGDJ, 1992, pp. 165-189.

Conte, Amedeo G., *Materiali per una tipologia delle regole*. "Materiali per una storia della cultura giuridica", 15(1985), pp. 345-368.

Conte, Amedeo G., *Materiali per una tipologia delle regole*. "Materiali per una storia della cultura giuridica", 15 (1985), pp. 345-368.

Conte, Amedeo G., *Materiali per una tipologia delle regole*. "Materiali per una storia della cultura giuridica", 15 (1985), pp. 345-368.

Conte, Amedeo G., *Materiali per una tipologia delle regole*. "Materiali per una storia della cultura giuridica", 15(1985), pp. 345-368.

Conte, Amedeo G., *Minima deontica*. "Rivista intemazionale di filosofia del diritto", 65 (1988), pp. 425-475.

Conte, Amedeo G., *Minima deontica*. "Rivista internazionale di filosofía del diritto", 65 (1988), pp. 425-475.

Conte, Amedeo G., *Minima deontica.* "Rivista internazionale di filosofia del diritto", 65 (1988), pp. 425-475.

Conte, Amedeo G., *Ordinamento giuridico.* En: *Novissimo digesto italiano.* Torino, UTET, vol. XII, 1966, pp. 45-54.

Conte, Amedeo G., *Ordinamento giuridico.* En: *Novissimo digesto italiano.* Torino, UTET, vol. XII, 1966, pp. 45-54.

Conte, Amedeo G., *Paradigmi d'analisi della regola in Wittgenstein.* En: Egidi, Rosaria (ed.), *Wittgenstein. Momenti di una critica del sapere.* Napoli. Guida, 1983, pp. 37-82.

Conte, Amedeo G., *Parerga leibnitiana.* En: Ciampi, Costantino / Maretti, Enrico / Martino, Antonio A., *Logica, informatica, diritto.* Firenze, Le Monnier, tomo I, 1978, pp. 217-255. Reedición en: Conte, Amedeo G., *Filosofia del linguaggio normativo I. Studi 1965-1981.* Torino, Giappichelli, 1989, pp. 195-233.

Conte, Amedeo G., *Parerga leibnitiana.* En: Maretti, Enrico / Ciampi, Costantino / Martino, Antonio Anseimo (eds.), *Logica, informatica, diritto. I.* Firenze, Le Monnier, 1978, pp. 217-255. Reedición en: Conte, Amedeo G., *Filosofia del linguaggio normativo I. Studi 1965-1981.*

Conte, Amedeo G., *Performativo* vs *normativo.* En: Scarpelli, Uberto / Di Lucia, Paolo (ed.), *Il linguaggio del diritto.* Milano, LED, 1994, pp. 247-263.

Conte, Amedeo G., *Performativo* vs *normativo.* En: Scarpelli, Uberto / Di Lucia, Paolo (eds.), *Il linguaggio del diritto.* Milano, LED, 1994, pp. 247- 263.

Conte, Amedeo G., *Phénoménologie du langage déontique.* En: Kalinowski, Georges / Selvaggi, Filippo (eds.), *Les fondements logiques de la pensée normative.* Actes du Colloques de logique déontique (Roma, 1983). Roma, Università Gregoriana Editrice, 1985, pp. 175-191.

Conte, Amedeo G., *Phénoménologie du langage déontique.* En: Kalinowski, Georges / Selvaggi, Filippo (eds.), *Les fondements logiques de la pensée normative.* Actes du Colloques de logique déontique (Roma, 1983). Roma, Università Gregoriana Editrice, 1985, pp. 175-191.

Conte, Amedeo G., *Regola costitutiva in Wittgenstein.* En: Castellani, Francesca (ed.), *Uomini senza qualità. La crisi dei linguaggi scientifici nella Vienna degli anni Venti.* Trento, Dipartamento di Metodologia, Teoria e Storia sociale, 1981, pp. 51-68. Reedición en: Conte, Amedeo G., *Filosofia del linguaggio normativo I. Studi 1965-1981.* Torino, Giappichelli, 1989, pp. 237-254.

Conte, Amedeo G., *Regola costitutiva in Wittgenstein.* En: Castellani, Francesca (ed.). *Uomini senza qualità. La crisi dei linguaggi scientifici nella Vienna degli anni Venti.* Trento, Dipartamento di Metodologia, Teoria e Storia sociale, 1981, pp. 51 -68. Reedición en: Conte, Amedeo G., *Filosofia del linguaggio normativo I. Studi 1965-1981.* Torino, Giappichelli, 1989, pp. 237-254.

Conte, Amedeo G., *Regola costitutiva, condizione, antinomia.* En: Scarpelli.

Conte, Amedeo G., *Regola costitutiva, condizione, antinomia.* En: Scarpelli,

Conte, Amedeo G., *Regole costitutive in deontica.* En: Febbrajo, Alberto (ed.), *Filosofia del diritto e teoria politica.* Milano, Giuffrè, 1990, pp. 207-250.

Conte, Amedeo G., *Regole eidetico-costitutive.* "Nuova civiltà delle macchine", 3(1985), 3-4(11-12), pp. 26-33.

Conte, Amedeo G., *Ricerca d'un paradosso deóntico.* "Rivista internazionale di filosofia del diritto", 51 (1974), pp. 481-511. Reedición: Conte, Amedeo G., *Ricerca d'un paradosso deóntico.* Pavia, Tipografia del libro, 1974. Segunda reedición en: Conte, Amedeo G., *Filosofia del linguaggio normativo I. Studi 1965-1981.* Torino, Giappichelli, 1989, pp. 75-116.

Conte, Amedeo G., *Ricerca d'un paradosso deóntico.* "Rivista internazionale di filosofia del diritto", 51 (1974), pp. 481-511. Reedición: Conte, Amedeo G., *Ricerca d'un paradosso deóntico.* Pavia, Tipografia del libro, 1974. Segunda reedición en: Conte, Amedeo G., *Filosofia del linguaggio normativo I. Studi 1965-1981.* Torino, Giappichelli. 1989, pp. 75-116.

Conte, Amedeo G., *Ricerca d'un paradosso deóntico.* Pavia, Tipografía del libro, 1974. Reedición en: Conte, Amedeo G., *Filosofía del linguaggio normativo I. Studi 1965-1981.* Torino, Giappichelli. 1989, pp. 75-116.

Conte, Amedeo G., *Saggio sulla completezza degli ordinamenti giuridici.* Torino, Giappichelli, 1962.

Conte, Amedeo G., *Semiotics of Constitutive Rules.* En: Herzfeld, Michael / Melazzo, Lucio (eds.), *Proceedings of the Third Congress of the International Association for Semiotic Studies (Palermo, 1984).* Berlín, Mouton, 1986, pp. 143-150.

Conte, Amedeo G., *Studio per ana teoria della validità.* "Rivista internazionale di filosofía del diritto", 47 (1970), pp. 331-354. Reedición con algunas modificaciones en: Guastini, Riccardo (ed.), *Problemi di teoria del diritto.* Bologna, Il Mulino, pp. 325-342. Reedición de la segunda edición en: Conte, Amedeo G., *Filosofía del linguaggio normativo I. Studi 1965- 1981.* Torino, Giappichelli, 1989, pp. 55-74.

Conte, Amedeo G., *Studio per una teoria della validità.* "Rivista internazionale di filosofia del diritto", 47 (1970), pp. 331-354. Reedición con algunas modificaciones en: Guastini, Riccardo (ed.), *Problemi di teoria del diritto.* Bologna, Il Mulino, pp. 325-342. Reedición de la segunda edición en: Conte, Amedeo G., *Filosofia del linguaggio normativo I. Studi 1965- 1981.* Torino, Giappichelli, 1989, pp. 55-74.

Conte, Amedeo G., *Studio per una teoria della validità.* "Rivista internazionale di filosofia del diritto", 47 (1970), pp. 331-354. Reedición con algunas modificaciones en: Guastini, Riccardo (ed.). *Problemi di teoria del diritto.* Bologna, Il Mulino, pp. 325-342. Reedición de la segunda edición en: Conte, Amedeo G., *Filosofia del linguaggio normativo I. Studi 1965- 1981.* Torino, Giappichelli, 1989, pp. 55-74.

Conte, Amedeo G., *Su Carcaterra.* "Rivista di filosofía", 67 (1976), pp. 101- 105. Reedición en: Conte, Amedeo G., *Filosofía del linguaggio normativo I. Studi 1965-1981.* Torino, Giappichelli, 1989, pp. 165-169.

Conte, Amedeo G., *Tre domande sull'abrogazione.* En: Luzzati, Claudio (ed.), *L'abrogazione delle leggi. Un dibattito analitico.* Milano, Giuffré, 1987, pp. 39-45.

Conte, Amedeo G., *Validità athetica.* En: Castignone, Silvana (ed.), *Studi in memoria di Giovanni Tarello*. Milano, Giuffré, vol. 2, 1990, pp. 163-176.

Conte, Amedeo G., *Validità athetica*. En: Castignone, Silvana (ed.), *Studi in memoria di Giovanni Tarello*. Milano, Giuffrè, vol. 2, 1990, pp. 163-176.

Conte, Amedeo G., *Validità*. En: *Novissimo digesto italiano*. Torino, UTET, vol. XX, 1975, pp. 418-425. Reedición en: Conte, Amedeo G., *Filosofia del linguaggio normativo I. Studi 1965-1981*. Torino, Giappichelli, 1989, pp. 117-145.

Conte, Amedeo G., *Validità*. En: *Novissimo digesto italiano*. Torino, UTET, vol. XX, 1975, pp. 418-425. Reedición en: Conte, Amedeo G., *Filosofia*

Conte, Amedeo G., *Validità*. En: *Novissimo digesto italiano*. Torino, UTET, vol. XX, 1975, pp. 418-425. Reedición en: Conte, Amedeo G., *Filosofia del linguaggio normativo I. Studi 1965-1981*. Torino, Giappichelli, 1989, pp. 117-145.

Conte, Maria-Elisabeth, *Délocutivité, performativité, contreperformativité*. En: Serbat, Guy (ed.), *E. Benveniste aujourd'hui*. Tome I. Paris, Société pour l'Information grammaticale, 1984, pp. 65-76.

Conte, Maria-Elisabeth, *Epistemico, deóntico, anankastico*. En: Giacalone Ramat, Anna / Crocco Galèas, Grazia (eds.), *From Pragmatics to Syntax*. Tübingen, Verlag, 1995, pp. 3-9.

Conte, Maria-Elisabeth, *La pragmatica linguistica*. En: Segre, Cesare (ed.), *Intorno alla linguistica*. Milano, Feltrinelli, 1983, pp. 94-128.

Conte, Maria-Elisabeth, *La pragmatica linguistica*. En: Segre, Cesare (ed.), *Intorno alla linguistica*. Milano, Feltrinelli, 1983, pp. 94-128.

Conte, Maria-Elisabeth, *Semiotica dell'enunciazione*. En: "Paradigmi", 5 (1987), pp. 49-63.

Conte. Amedeo G., *Deóntico vs. dianoetico*. "Materiali per una storia della cultura giuridica", 16 (1986), pp. 489-494.

Conte. Amedeo G., *Studio per una teoria della validità*. "Rivista internazionale di filosofia del diritto", 47 (1970), pp. 331-354. Reedición con algunas modificaciones en: Guastini, Riccardo (ed.), *Problemi di teoria del diritto*. Bologna, Il Mulino, pp. 325-342. Reedición de la segunda edición en: Conte, Amedeo G., *Filosofia del linguaggio normativo I. Studi 1965- 1981*. Torino, Giappichelli, 1989, pp. 55-74.

Costa, Pietro, *Il progetto giuridico*. Milano, Giuffrè, 1974.

Croce, Benedetto, *Filosofia della pratica*. Bari, Laterza, 1923.

De Caro, Eugenio, *Regno della natura, regno della grazia. Le regole e l'estetico* [manuscrito].

De Caro, Luigi A., *Deontica in Gerhard Ledig*. "Rivista internazionale di filosofia del diritto", 72 (1995).

De Caro, Luigi A., *Deontica in Gerhard Ledig*. "Rivista internazionale di filosofia del diritto", 72 (1995).

De Caro, Luigi A., *Premessa alla traduzione italiana della "Logica del dovere" di G. Ledig*. "Materiali per una storia della cultura giuridica", 23 (1993), pp. 439-448.

De Caro, Luigi A., *Premessa alla traduzione italiana della "Logica del dovere" di G. Ledig*. "Materiali per una storia della cultura giuridica", 23 (1993), pp. 439-448.

De Caro, Luigi A., *Strutture normative in Gerhard Ledig*. Tesis de láurea (director: Amedeo G. Conte), Pavia, 1993.

del linguaggio normativo I. Studi 1965-1981. Torino, Giappichelli, 1989, pp. 117-145.

Derrida, Jacques, *Signature, événements, contexte*. En: Derrida, Jacques, *Marges - de la philosophie*. Paris, Editions de Minuit, 1972, pp. 265-393.

Devoto, Giacomo, *I problemi del più antico vocabolario giuridico romano*. "Annali della R. Scuola Normale Superiore di Pisa", Serie II, II (1933), pp. 225-240. Reedición como *Parole giuridiche* en: Scarpelli, Uberto / Di Lucia, Paolo (eds.), *Il linguaggio del diritto*. Milano, LED, 1994, pp. 291-303.

Devoto, Giacomo, *Ius. Di là dalla grammatica*. "Rivista italiana per le scienze giuridiche", 85 (1948), pp. 414-418.

Di Lucia, Paolo, *Deontica in von Wright*. Milano, Giuffré, 1992.

Di Lucia, Paolo, *Deontica in von Wright*. Milano, Giuffrè, 1992.

Di Lucia, Paolo, *Il termino 'nomografia'*. En: Di Lucia, Paolo (ed.), *Nomografia. Linguaggio e redazione delle leggi*. Milano, Giuffrè, 1995, pp. V-IX.

Di Lucia, Paolo, *L'atto della promessa*. En: Galli, Giuseppe (ed.), *Interpretazione e promessa*. Genova, Marietti, 1995, pp. 139-165.

Di Lucia, Paolo, *L'atto della promessa*. En: Galli, Giuseppe (ed.), *Interpretazione e promessa*. Genova, Marietti, 1995, pp. 139-165. Diesselhorst, Malte, *Die Lehre des Hugo Grotius vom Versprechen*. Köln/Graz, Böhlau, 1959.

Di Lucia, Paolo, *L'universale della promessa*. Tesis de doctorado, 1994 [próxima edición],

Di Lucia, Paolo, *L'universale della promessa* [De próxima edición].

Di Lucia, Paolo, *Momenti della deontica di von Wright*. "Rivista trimestrale di diritto e procedura civile", 44 (1990), pp. 233-247.

Di Lucia, Paolo, *Tre opposizioni per lo studio dei rapporti tra diritto e linguaggio*. En: Scarpelli, Uberto / Di Lucia, Paolo (ed.). *Il linguaggio del diritto*. Milano, LED, 1994, pp. 9-23.

Engisch, Karl, *Einführung in das juristische Denken*. Stuttgart, Kohlhammer, 1968.

Febbrajo, Alberto, *Materiali sulla sociologia del diritto di Theodor Geiger*. Pavia, Edizioni Universitarie GJES, 1979.

Filipponio Tatarella, Angiola, *Husserlian Themes in Gerhard Ledig's Deontics of Validity*. "European Journal of Law, Philosophy and Computer Science", 1995 (17th IVR World Congress. Bologna, 16-21 June, 1995: *Challenges to Law at the end of the 20th Century*), vol. 5, pp. 222-226.

Filipponio Tatarella, Angiola, *Sulla teoreticità delle norme costitutive*. "Rivista internazionale di filosofia del diritto", 57 (1980), pp. 238-281.

Filipponio, Angiola (ed.). *Teoria degli atti linguistici, etica e diritto*. Torino,

Filipponio, Angiola, *Husserlian Themes in Gerhard Ledig's Deontics of Validity.* "European Journal of Law, Philosophy and Computer Science", 5(1995), pp. 222-226.

Filipponio, Angiola, *Le enunciazioni performative ed il linguaggio del legislatore.* Milano, Giuffrè, 1983.

Filipponio, Angiola, *Per una praxeologia della normazione.* Ponencia defendida en Bari (Mayo 1995) [próxima edición].

Fiorelli, Piero, *Storia giuridica e storia linguistica.* "Annali di storia del diritto", 1 (1957), pp. 261-291.

Frege, Gottlob, *Uber Sinn und Bedeutung.* "Zeitschrift für Philosophie und philosophische Kritik", 100 (1892), pp. 25-50.

García Máynez, Eduardo, *Lógica del concepto jurídico.* México, Fondo de cultura económica, 1959.

Gardies, Jean-Louis, *Esquisse d'une grammaire pure.* Paris, Vrin, 1975.

Gardies, Jean-Louis, *L'erreur de Hume.* Paris, Presses Universitaires de France, 1987.

Gardies, Jean-Louis, *Peut-on parler de vérité et de fausseté pour les propositions performatives?.* "Freiburger Zeitschrift für Philosophie und Theologie", 39 (1992), pp. 61-76.

Gaudenzi, Augusto, *Lingua e diritto nel loro sviluppo parallelo.* "Archivio giuridico", 31 (1883), pp. 271-304.

Geiger, Theodor, *Vorstudien zu einer Soziologie des Rechts.* Kobenhavn, E. Munksgaard, 1947; Neuwied, Luchterhand, 1964 (2ª ed.); Neuwied, Luchterhand, 1970 (3ª ed.).

Giappichelli, 1990. [Edición italiana de Paul Amselek (ed.), *Theorie des actes de langage, éthique et droit.* Paris, Presses Universitaires de France, 1986].

Gizbert-Studnicki, Tomasz, *The Non-Linguistic Concept of Norm and Ontology.* En: Krawietz, Werner / Wroblewski, Jerzy (eds.), *Sprache, Performanz und Ontologie des Rechts.* Berlin, Duncker und Humblot, 1993, pp. 422-434.

Goblot, Edmond, *Vocabulaire philosophique.* Paris, Colin, 1901.

Goodmann, Nelson, *Recension de: Oppenheim, Felix, "Outline of A Logical Analysis of Law ".* "Journal of Symbolic Logic", 9 (1944).

Goyard-Fabre, Simone, *Essai de critique phénoménologique du droit.* Paris, Klincksieck, 1972.

Grimm, Jacob, *Brief von Jacob Grimm an Savigny, Wien 29. October 1814.* En: Schoof, Wilhelm / Schnack, Ingeborg (eds.), *Briefe der Brüder Grimm an Savigny.* Berlin-Bielefeld, Schmidt, 1953.

Guastini, Riccardo, *In tema d'abrogazione.* En: Luzzati, Claudio (ed.), *L'abrogazione delle leggi.* Milano, Giuffrè, 1987, pp. 3-31.

Guastini, Riccardo, *Lezioni di teoria analitica del diritto.* Torino, Giappichelli, 1982.

Guastini, Riccardo, *Lezioni sul linguaggio giuridico.* Torino, Giappichelli, 1985.

Guastini, Riccardo, *Norme che sono condizioni sufficienti del loro oggetto?.*

"Materiali per una storia della cultura giuridica", 16 (1986), pp. 213-222.

Guastini, Riccardo, *Primi elementi di logica deontica.* "Annali della Facoltà di Giurisprudenza di Genova", 18 (1980-1981), pp. 283-298.

Guastini, Riccardo, *Produzione di norme a mezzo di norme.* "Informatica e diritto", 11 (1985), pp. 7-31.

Guastini, Riccardo, *Questioni di deontica en Ross.* "Materiali per una storia della cultura giuridica", 11 (1981). Reedición parcial como *Problemi d'analisi del linguaggio normativo* en: Ross, Alf, *Critica del diritto e analisi del linguaggio.* Ed. a cargo de Alberto Febbrajo y Riccardo Guastini. Bologna, Il Mulino, 1982, pp. 47-69.

Guibourg, Ricardo, *La autorreferencia normativa y la continuidad constitucional.* En: Bulygin, Eugenio / Farrell, Martin D. / Nino, Carlos S. / Rabossi, Eugenio A., *El lenguaje del derecho. Homenaje a Genaro R. Carrió.* Buenos Aires, Abeledo-Perrot, 1983, pp. 181-195.

Halle, Max Niemeyer, 1916. Bern, A. Francke, 1966[5].

Hannaford, Robert V., *You Ought to Derive "Ought" from "Is".* "Ethics", 82 (1972), pp. 155-162.

Heilbut, Iwan, *'Müssen' und 'Sollen' in der deutschen Civilprozeßordnung.* "Archiv für die zivilistische Praxis", 69 (1886), pp. 331 -433.

Heinimann, Felix, *Nomos und Physis. Herkunft und Bedeutung einer Antithese im griechischen Denken des 5. Jahrhunderts.* Basel, F. Reinhardt, 1965.

Heller, Joseph, *Catch-22.*1955 (Traducción italiana de Remo Ceserani: *Comma 22.* Milano, Bompiani, [6]1971).

Hugo, Gustav, *Die Gesetze sind nicht die einzige Quelle der juristischen Wahrheiten.* "Civilistisches Magazin", 4(1812), pp. 89-134.

Hume, David, A *Treatise of Human Nature.* Oxford, Clarendon Press, 1978.

Husserl, Edmund, *Logische Untersuchungen.* Halle, M. Niemeyer, [1]1900- 1901; [2]1913; [3]1922.

Husserl, Edmund, *Logische Untersuchungen.* Halle, Max Niemeyer, 1900- 1901, 1928[4].

Jori, Mario, *In margine all'ultimo Conte.* "Materiali per una storia della cultura giuridica", 16 (1986), pp. 443-469.

Jori, Mario, *Legal Systems.* En: Asher, R. E. (ed.), *The Encyclopedia of Language and Linguistics.* Oxford, Pergamon Press, vol. 4, 1994, pp 2127-2128.

Kalinowski, Georges, *De la signification des normes juridiques. A propos de*

Kalinowski, Georges, *Introduction à la logique juridique.* Paris, Librairie générale de droit et de jurisprudence, 1965.

Kalinowski, Georges, *L'impossible métaphysique.* Paris, Beauchesne, 1981.

Kalinowski, Georges, *Le problème de la vérité en morale et en droit.* Lyon, Vitte, 1967.

Kalinowski, Georges, *Le problème de la vérité en morale et en droit.* Lyon, Vitte, 1967.

Kalinowski, Georges, *Les causes de certaines antinomies juridiques.* "Logique et analyse", 21 (1978), pp. 89-110.

Kalinowski, Georges, *Obligations, permissions et normes. Réflexions sur le fondement métaphysique du droit.* "Archives de philosophie du droit", 26 (1981), pp. 331-343.

Kalinowski, Georges, *Ontique et déontique.* "Rivista internazionale di filosofia del diritto", 66 (1989), pp. 437-449.

Kalinowski, Georges, *Possibilité et structure de la logique déontique.* "Archives de philosophie du droit", 10 (1965), pp. 313-333. Reedición en: Kalinowski, Georges, *Etudes de logique déontique I (1953-1969).* Paris, Librairie générale de droit et de jurisprudence, 1972, pp. 85-109.

Kalinowski, Georges, *Querelle de la science normative (Une contribution à la théorie de la science).* Paris, Librairie générale de droit et de jurisprudence, 1969.

Kalinowski, Georges, *Querelle de la Science normative.* Paris, Librairie Générale de Droit et de Jurisprudence, 1969.

Kalinowski, Georges, *Sur les normes et la relation normative. Contribution à la sémiotique du langage normatif et à la logique des normes,* 1988 [manuscrito].

Kalinowski, Jerzy vel Georges, *Teoria poznania praktycznego.* [Teoría del conocimiento práctico]. Lublin, Towarzystwo Naukowe Katolickiego Uniwersytetu Lubelskiego, 1960.

Kalinowski, Jerzy, *Essai sur le caractère ontique du droit.* "Revue de l'Université d'Ottawa", 34 (1964), pp. 81-99.

Kant, Immanuel, *Grundlegung zur Metaphysik der Sitten.* Riga, Johann Friedrich Hartknoch, 1785.

Kant, Immanuel, *Grundlegung zur Metaphysik der Sitten.* Riga. Johann Friedrich Hartknoch, 1785. Traducción castellana de Luis Martínez de Velasco: *Fundamentación de la metafísica de las costumbres.* Madrid, Espasa Calpe, 1994.

Kelsen, Hans, *Hauptprobleme der Staatsrechtslehre, entwickelt aus der Lehre vom Rechtsatze.* Tübingen, J. C. B. Mohr, 1911.

Koschmieder, Erwin, *Zeitbezug und Sprache.* Leipzig-Berlin, Meiner, 1929.

Koschmieder, Erwin, *Zur Bestimmung der Funktionen grammatischer Kategorien.* En: "Abhandlungen der Bayerischen Akademie der Wissenschaften. Philosophisch-historische Abteilung", neue Folge, 1945.

Kutschera, Franz von, *Einführung in die Logik der Normen, Werte und Entscheidungen.* Freiburg-München, Alber, 1973.

l'article de Jeny Wróblewski: "The Problem of the Meaning of the Legal Norm", 1991 [manuscrito].

Laun, Rudolf, *Recht und Sittlichkeit.* Hamburg, C. Boysen, 1927.

Ledig, Gerhard, *Recht, Geld, Bild, Sprache (Strukturvergleichende Studien).* "Internationale Zeitschrift für Theorie des Rechts", 7 (1932-1933), pp 186-247.

Ledig, Gerhard, *Zur Logik des Sollens.* "Der Gerichtssaal", 100 (1931), pp. 368-385. Traducción italiana de Luigi A. de Caro: *Sulla logica del dovere.*

"Materiali per una storia della cultura giuridica", 23 (1993), pp. 449-469.

Ledig, Gerhard, *Zur Logik des Sollens.* "Der Gerichtssaal", 100 (1931), pp. 368- 385. Traducción italiana de Luigi A. de Caro: *Sulla logica del dovere.* "Materiali per una storia della cultura giuridica", 23 (1993), pp. 449-469.

Ledig, Gerhard, *Zur Logik des Sollens.* "Der Gerichtssaal", 100 (1931), pp. 368-385. Traducción italiana de Luigi A. de Caro: *Sulla logica del dovere.* "Materiali per una storia della cultura giuridica", 23 (1993), pp. 449-469.

Lessius, Leonhardus [Lenaert Leys], *De justitia et de jure caeterisque virtutibus cardinalibus libri quattuor.* Antverpiae, 1609.

Levi, Alessandro, *Diritto e linguaggio.* En: *Studi filosofico-giuridici dedicati a Giorgio Del Vecchio.* Modena, Società Tipografica Modenese, 1931, pp. 44-62.

Locke, John, *Question: Whether the Civil Magistrate May Lawfully Impose and Determine the Use of Indifferent Things in Reference to Religious Worship.* Traducción italiana: *Domanda: se il magistrato civile possa legittimamente imporre e determinare l'uso di cose indifferenti in relazione al culto religioso.* En: Locke, John, *Scritti editi ed inediti sulla tolleranza.* Ed. a cargo de Carlo A. Viano. Torino, Taylor, 1961, pp. 14-61.

Lorini, Giuseppe, *Deontica tra logica e filosofia.* "Rivista intemazionale di filosofia del diritto", 70 (1993), pp. 599-630.

Lorini, Giuseppe, *Deontica tra logica e filosofia.* "Rivista internazionale di filosofia del diritto", 70 (1993), pp. 599-630.

Lucia, Paolo (ed.), *Nomografia. Linguaggio e redazione delle leggi.* Milano, Giuffrè, 1995, pp. 5-29.

Mackie, John Leslie, *Ethics. Inventing Right and Wrong.* London, Penguin, 1977.

Makinson, David, *On the Formal Representation of Rights Relations. Remarks on the Work of Stig Kanger and Lars Lindahl.* "Journal of Philosophical Logic", 15(1986), pp. 403-425.

Marini, Giuliano, *Il paragone tra diritto e linguaggio nella giurisprudenza romantica,* 1975. Reedición en: Marini, Giuliano, *Storicità del diritto e dignità dell'uomo.* Napoli, Morano, 1987, pp. 27-55.

Marini, Giuliano, *La codificazione in Germania. Introduzione generale.* En: Thibaut, A. F. J. / Savigny, F. C. von, *La polemica sulla codificazione.* Napoli, E. S. I., 1982.

Martino, Antonio A., *Derogation of Norms and Decidability in Legal Orders.* En: Martino, Antonio A. (ed.), *Deontic Logic, Computational Linguistics and Legal Information Systems.* Amsterdam-New York-Oxford, 1982, pp. 39-50.

Mathieu, Vittorio, *Filosofia del denaro.* Roma, Armando, 1985.

Mazzarese, Tecla, *Antinomie, paradossi, logica deontica.* "Rivista intemazionale di filosofia del diritto", 61 (1984), pp. 419-464.

Mazzarese, Tecla, *Deontica.* En: *Digesto. IV edizione.* Torino, UTET, pp. 3-17.

Mazzarese, Tecla, *Logica deontica e linguaggio giuridico.* Padova, Cedam, 1989.

Mazzarese, Tecla, *Metaregole.* "Nuova civiltà delle macchine", 3 (1985), 3-4

(11-12), pp. 65-73.

Mazzarese, Tecla, *Metaregole.* "Nuova civiltà delle macchine", 3 (1985), 3-4 (11-12), pp. 65-73.

Mazzarese, Tecla, *Negazione ed abrogazione in deontica (A proposito di un saggio di C. E Alchourrón ed E. Bulygin).* "Materiali per una storia della cultura giuridica", 11 (1981), pp. 205-216.

Meinong, Alexius, *Zur Grundlegung der allgemeinen Wert-Theorie.* Herausgegeben von Ernst Mally. Graz, Leuschner und Lubensky, 1923.

Morpurgo-Tagliabue, Guido, *Le strutture del trascendentale.* Milano, Bocca, 1951.

Morpurgo-Tagliabue, Guido, *Un'eredità di J. L. Austin: i performativi.* En: "Lingua e stile", 15 (1980), pp. 65-93.

Nelson, Leonard, *Kritik der praktischen Vernunft.* Leipzig, Teubner, 1917.

Nencioni, Giovanni, *Idealismo e realismo nella scienza del linguaggio.* Firenze, La Nuova Italia, 1946.

Nowak, Leszek, *Performatywy a jezyk prawny i etyczny.* En: "Etyka", 3 (1968), pp. 147-158.

Olivecrona, Karl, *Legal Language and Reality.* En: Newman, Ralph A. (ed.), *Essays in Jurisprudence in Honor of Roscoe Pound.* New York, Bobbs-Merrill, 1962, pp. 151-191.

Opalek, Kazimierz / Wróblewski, Jerzy, *Axiology: Dilemma between Legal Positivism and Natural Law.* "Osterreichische Zeitschrift für öffentliches Recht", 18 (1968), pp. 353-365.

Opalek, Kazimierz, *"Doing Things with Words" and the Law.* En: "Anuario de Filosofía del Derecho", 17 (1973-1974), pp. 233-243.

Opalek, Kazimierz, *The Problem of the Existence of the Norm.* En: Imboden, M. / Koja, F. / Marcic, R. / Ringhofer, K. / Walter, R. (eds.). *Festschrift für Adolf J. Merkl. Zum 80. Geburtstag.* München-Salzburg, Verlag, 1970, pp. 285-300.

Opocher, Enrico, *Positivismo logico e scienza giuridica.* "Rivista trimestrale di diritto e procedura civile", 5 (1951), pp. 139-146.

Oppenheim, Felix E., *Outline of A Logical Analysis of Law.* "Philosophy of Science", Il (1944), pp. 142-160.

Oppenheim, Felix, *Outline of A Logicai Analysis of Law.* "Philosophy of Science", 11 (1944), pp. 142-160.

Paci, Enzo, *Violenza e diritto.* "Aut aut", n. 112, 1969, pp. 105-107. Reedición en: Paci, Enzo, *Il senso delle parole. 1963-1974.* Ed. a cargo de Pier Aldo Rovatti. Milano, Bompiani, 1987, pp. 197-200.

Pagliaro, Antonino, *Linguistica della "parola".* Roma, Edizioni dell'Ateneo, 1955.

Pagliaro, Antonino, *Nascita del segno.* En: Pagliaro, Antonino, *La parola e l'immagine.* Napoli, E. S. I., 1957, pp. 63-83.

Peirce, Charles Sanders, *Evolutionary Love.* "Monist", 3 (1893). Reedición en: Peirce, Charles Sanders, *Change, Love and Logic. Philosophical Essays.* Ed. a cargo de Morris R. Cohen. London, Kegan Paul, 1923, pp. 267-300.

Pergolesi, Ferruccio, *Il diritto nella letteratura.* "Archivio giuridico", 13 (1927), pp. 61-104.

Pígliaru, Antonio, *La vendetta barbaricina come ordinamento giuridico.* Milano, Giuffrè, 1969.

Piovani, Pietro, *Mobilità, sistematicità, istituzionalità della lingua e del diritto.* Milano, Giuffrè, 1962.

Piselli, Francesco, *Alle origini dell'estetica moderna. Il pensiero di Baumgarten.* Milano, Vita e Pensiero, 1991.

Pollastro, Piero, *Fenomenologia delle regole costitutive.* "Materiali per una storia della cultura giuridica", 13 (1983), pp. 233-262.

pp. 82-86.

Preti, Giulio, *Retorica e logica. Le due culture.* Torino, Einaudi, 1968. Reinach, Adolf, *Die apriorischen Grundlagen des bürgerlichen Rechtes.* "Jahrbuch für Philosophie und phänomenologische Forschung", 1 (1913), pp. 685-847. Reedición: Reinach, Adolf, *Zur Phänomenologie des Rechts.* München, Kosel-Verlag, 1953.

Radice, Stefano, *Regole costitutive e sillogismo normativo.* "Rivista intemazionale di filosofia del diritto", 69 (1992), pp. 419-429.

Ramstedt, G. J., *A Korean Grammar.* New York, Humanities Press, 1979.

Ray, Jean, *Code Napoleon: Essai sur la structure logique du code civil français.* Paris, F. Alcan, 1926.

Reinach, Adolf, *Die apriorischen Grundlagen des bürgerlichen Rechtes.* En: "Jahrbuch für Philosophie und phänomenologische Forschung", 1 (1913), pp. 685-847.

Robles, Gregorio, *Las reglas del derecho y las reglas de los juegos. Ensayo de Teoría analítica del Derecho.* Palma de Mallorca, Facultad de Derecho de Palma de Mallorca, 1984.

Robles, Gregorio, *Sociologia pura del diritto versus teoria pura del diritto: validità ed efficacia delle norme.* Traducción italiana de Paolo Di Lucia. "Sociologia del diritto", 19 (1992), pp. 21-36.

Romano, Santi, *Consuetudine.* En: Romano, Santi, *Frammenti di un dizionario giuridico.* Milano, 1947, 1953.

Romano, Santi, *L'ordinamento giuridico.* Pisa, 1918.

Ross, Alf, *Om ret og retfœrdighed.* Kobenhavn, Nyt Nordisk Forlag Arnold Busck, 1953. Traducción inglesa de Margaret Dutton a cargo de Max Knight: *On Law and Justice.* London, Stevens, 1958.

Ross, Alf, *On Self-Reference and a Puzzle in Constitutional Law.* "Mind", 78 (1969), pp. 1-24.

Ross, Alf, *The Rise and Fall of the Doctrine of Performatives.* En: Olson, Raymond E. /Paul, Anthony M. (eds.), *Contemporary Philosophy in Scandinavia.* Baltimore, Johns Hopkins University Press, 1972, pp. 197-212.

Ross, Alf, *The Rise and Fall of the Doctrine of Performatives.* En: Oison, Raymond E. / Paul, Anthony M. (eds.), *Contemporary Philosophy in Scandinavia.*

Baltimore, John Hopkins University Press, 1972, pp. 197-212.

Rossetti, Andrea, *Performativi in Jean-Louis Gardies: verità, verificabilità, verofunzionalità.* "Rivista intemazionale di filosofia del diritto", 71 (1994), pp. 462-492.

Rossetti, Andrea, *Performativi in Jean-Louis Gardies: verità, verificabilità, verofunzionalità.* En: "Rivista Internazionale di Filosofia del Diritto", 71 (1994), pp. 462-492.

Sacco, Rodolfo, *Cos'è il diritto comparato.* Milano, Giuffrè, 1990.

Sacco, Rodolfo, *Criptotipo.* En: *Digesto. IV edizione.* Torino, UTET, vol. V, 1989, pp. 39-40.

Sacco, Rodolfo, *Il diritto muto.* "Rivista di diritto civile", 39 (1993), pp. 689-702.

Sartori, Giovanni, *Elementi di teoria politica.* Bologna, Il Mulino, 1987. Scheler, Max, *Der Formalismus in der Ethik und die materiale Wertethik.*

Savigny, Friedrich Carl von, *Vom Beruf unsrer Zeit für Gesetzgebung und Rechtswissenschaft.* Heidelberg, Mohr und Zimmer, 1814; Hildesheim, 1967.

Savoini, Gian Pietro. *Performatività e validità in Alf Ross.* En: "Materiali per una storia della cultura giuridica", 12 (1982), pp. 343-407.

Scarpelli, Uberto / Di Lucia, Paolo (ed.), *Il linguaggio del diritto.* Milano, LED, 1994.

Scarpelli, Uberto / Di Lucia, Paolo (eds.). *Il linguaggio del diritto.* Milano, LED, 1994.

Scarpelli, Uberto, *Contributo alla semantica del linguaggio normativo.* Torino, Memoria dell'Accademia delle scienze di Torino, 1959 (1ª ed.); Milano, Giuffrè, 1985 (2ª ed.).

Scarpelli, Uberto, *Filosofia analitica e giurisprudenza.* Milano, Nuvoletti, 1953.

Scarpelli, Uberto, *Il linguaggio giuridico: un ideale illuministico.* En: Di

Searle, John R., *How to derive "ought" from "is".* "Philosophical Review, 73 (1964), pp. 43-58.

Searle, John R„ *Speech Acts.* London, Cambridge University Press, 1969. Spiegelberg, Herbert, *Gesetz und Sittengesetz.* Zürich, Niehans, 1935. Traducción italiana parcial de Paolo Di Lucia: *Leggi costitutive.* En: Scarpelli, Uberto / Di Lucia, Paolo (eds.), *Il linguaggio del diritto.* Milano, LED, 1994, pp. 115-117.

Speigelberg, Herbert, *Sollen und Dürfen.* Dordrecht, Reidel, 1989.

Spiegelberg, Herbert, *Antirelativismus.* Zürich, Max Niehans, 1935.

Spiegelberg, Herbert, *Gesetz und Sittengesetz.* Zürich, Max Niehans, 1935.

Spiegelberg, Herbert, *Gesetz und Sittengesetz.* Zürich, Niehans, 1935.

Spiegelberg, Herbert, *Sollen und Dürfen* (1937). Dordrecht, Kluwer, 1989.

Spiegelberg, Herbert, *Sollen und Dürfen.* Dordrecht, Reidel, 1989.

Spiegelberg, Herbert, *Zur Ontologie des idealen Sollens.* "Philosophisches Jahrbuch der Görres-Gesellschaft", 66 (1958), pp. 243-253.

Sztykgold, Jerzy, *Negacja normy.* "Przeglad filozoficzny", 39 (1936), pp. 492-

494. Traducción italiana de Jerzy Wróblewski y Amedeo G. Conte: *Negazione di norme.* "Rivista internazionale di filosofia del diritto", 69 (1992), pp. 241-248. Traducción española de Carlos Alarcón Cabrera: *La negación de la norma.* "Theoria", 22 (1995), pp. 171-176.

Sztykgold, Jerzy, *Negacja normy.* "Przeglad filozoficzny", 39 (1936), pp. 492-494. Traducción italiana de Jerzy Wróblewski y Amedeo G. Conte: *Negazione di norme.* "Rivista internazionale di filosofia del diritto", 69 (1992), pp. 241-248. Traducción española de Carlos Alarcón Cabrera: *La negación de la norma.* "Theoria", 10(1995), pp. 171-176.

Tarello, Giovanni, *Diritto, enunciati, usi.* Bologna, Il Mulino, 1974.

Tarello, Giovanni, *L'interpretazione della legge.* Milano, Giuffrè, 1980.

Tebaldeschi, Ivanhoe, *Validità normativa e logica giuridica.* En: Tammelo, limar / Tebaldeschi, Ivanhoe, *Studi di logica giuridica.* Milano, Giuffrè, 1976, pp. 60-77.

Thibaut, Friedrich Anton Justus, *Über die Nothwendigkeit eines allgemeinen burgerlichen Rechts für Deutschland.* Heidelberg, 1814.

Timpanaro, Sebastiano, *A proposito del parallelismo tra lingua e diritto.* "Belfagor", 18 (1963), pp. 1-14.

Tomás de Aquino, Santo, *La Somma Teologica.* Bologna, Edizioni Studio Domenicano, 1984.

Tomás de Aquino, Santo, *Le questioni disputate.* Volumen primero: *La verità.* Bologna, Edizioni Studio Domenicano, 1992.

Torino, Giappichelli, 1989, pp. 193-233.

Twardowski, Kazimierz, *Zur Lehre vom Inhalt und Gegenstand der Vorstellungen.* Wien, A. Hölder, 1894.

Uberto (ed.), *La teoria generale del diritto. Problemi e tendenze attuali. Studi dedicati a Norberto Bobbio.* Milano, Comunità, 1983, pp. 21-39.

Uberto (ed.), *La teoria generale del diritto. Problemi e tendenze attuali. Studi dedicati a Norberto Bobbio.* Milano, Comunità, 1983, pp. 21-39.

Vernengo, Roberto J., *Sobre algunos criterios de verdad normativa.* "Doxa", 3 (1987), pp. 233-242.

Wittgenstein, Ludwig, *Philosophische Grammatik. Philosophical Grammar.* Edición a cargo de Rush Rhees. Frankfurt am Main, Suhrkamp, 1969. Oxford, Blackwell, 1969.

Wojtyla, Karol, *Osoba i czyn.* Krakow, Polskie Towarzystwo Teologiczne, 1969. Traducción inglesa de Andrzej Potocki: *The Acting Person.* Texto definitivo revisado por Anna-Teresa Tymieniecka en colaboración con el autor. "Analecta husserliana", 10, Dordrecht, Reidel, 1980. Traducción italiana del texto polaco de Stanislaw Morawski / Renzo Panzone / Rosa Liotta: *Persona e atto.* Città del Vaticano, Libreria Editrice Vaticana, 1982.

Wright, Georg H. von, *An Essay in Deontic Logic and the General Theory of Action.* Amsterdam, North-Holland, 1968.

Wright, Georg H. von, *Deontic Logic and the General Theory of Conditions.* "Crítica", 2 (1968), pp. 3-25. Reedición en: Hilpinen, Risto (ed.), *Deontic*

Logic. Introductory and Systematic Readings. Dordrecht, Reidel, 1971, pp. 159-177.

Wright, Georg H. von, *Deontic Logic and the General Theory of Conditions.* "Critica", 2 (1968), pp. 3-25. Reedición en: Hilpinen, Risto (ed.), *Deontic Logic. Introductory and Systematic Readings.* Dordrecht, Reidel, 1971, pp. 159-177.

Wright, Georg H. von, *Deontic Logic and the Ontology of Norms.* Wien, Herder, 1968.

Wright, Georg H. von, *Deontic Logic.* "Mind", 60 (1951), pp. 1-15.

Wright, Georg H. von, *Norm and Action.* London, Routledge and Kegan Paul, 1963.

Wright, Georg H. von, *Norm and Action.* London, Routledge and Kegan Paul, 1963.

Wright, Georg H. von, *Norm and Action.* London, Routledge and Kegan Paul, 1963.

Wright, Georg H. von, *Norm and Action.* London, Routledge and Kegan Paul, 1963.

Wright, Georg H. von, *Norm and Action.* London, Routledge, 1963.

Wright, Georg H. von, *Norms of Higher Order.* "Studia Logica", 42 (1983), pp. 119-127.

Wright, Georg H. von, *Norms, Truth and Logic.* En: Wright, Georg Henrik von, *Practical Reason.* Oxford, Blackwell, 1983, pp. 130-209.

Wright, Georg H. von, *Norms, Truth and Logic.* En: Wright, Georg Henrik von, *Practical Reason.* Oxford, Blackwell, 1983, pp. 130-209.

Wright, Georg H. von. *Norms, Truth and Logic.* En: Martino, Antonio A. (ed.), *Deontic Logic, Computational Linguistics and Legal Information Systems.* Amsterdam-New York-Oxford, 1982, pp. 3-20.

Wright, Georg Henrik von, *Bedingungsnormen. Ein Prüfstein für die Normenlogik.* En: Krawietz, Werner (ed.), *Theorie der Normen.* Berlin, Duncker und Humblot, 1984, pp. 447-456.

Wright, Georg Henrik von, *Is and Ought.* En: Bulygin, Eugenio (ed.), *Man, Laws, and Modern Forms of Life.* Dordrecht, Reidel, 1985, pp. 263-281.

Wright, Georg Henrik von, *Practical Inference.* 'The Philosophical Review", 72 (1963), pp. 159-179.

Wright, Georg Henrik von, *Practical Reason.* Oxford, Blackwell, 1983.

Wright, Georg Henrik von, *Proposizioni normative condizionali.* Traducción italiana de Sergio Galvan. "Epistemologia", 4 (1983), pp. 187-200.

Wright, Georg Henrik von, *The Foundation of Norms and the Normative Statements.* En: Ajdukiewicz, Kazimierz (ed.), *The Foundation of Statements and Decisions. Proceedings of the International Colloquium on Methodology of Science. Warsaw, 1961.* Warszawa, Panstwowe Wydawnictwo Naukowe, 1965, pp. 351-367.

Wright, Georg Henrik von, *The Varieties of Goodness.* London, Routledge and Kegan Paul, 1963.

Wróblewski, Jerzy, *Tre concetti di validità.* "Rivista trimestrale di diritto e procedura civile", 36 (1982), pp. 584-595.

Wróblewski, Jerzy, *Validità e struttura del sistema giuridico.* Traducción italiana de Enrico Diciotti. En: Gianformaggio, Letizia (ed.), *Sistemi normativi statici e dinamici. Analisi di una tipologia kelseniana.* Torino, Giappichelli. 1991, pp. 303-317.

Ziembinski Zygmunt, *Le langage du droit et le langage juridique. Les critères de leur discernement.* "Archives de philosophie du droit", 19 (1974), pp. 25-31.

Ziembinski, Zygmunt, *Logika praktycna.* Warszawa, Panstwowe Wydawnictwo Naukowe, 1973. Traducción inglesa de Leon Ter-Oganian: *Practical Logic.* Dordrecht, Reidel / Warszawa, Polish Scientific Publishers, 1976.

Estudios de Deóntica de Carlos Alarcón Cabrera (Editor) se imprimió en la República Argentina en mayo de 2018

www.ingramcontent.com/pod-product-compliance
Lightning Source LLC
LaVergne TN
LVHW082240051026
849532LV00012B/4057